汉语同意应答语研究

Study on Responses in Agreement Adjacency Pair in Mandarin Chinese

张治 著

武汉大学出版社

图书在版编目(CIP)数据

汉语同意应答语研究/张治著.—武汉：武汉大学出版社,2017.10
 ISBN 978-7-307-19707-7

Ⅰ.汉… Ⅱ.张… Ⅲ.现代汉语—语义—研究 Ⅳ.H136

中国版本图书馆 CIP 数据核字(2017)第 223779 号

责任编辑:白绍华　　　责任校对:李孟潇　　　版式设计:马　佳

出版发行:**武汉大学出版社**　　(430072　武昌　珞珈山)
　　　　(电子邮件:cbs22@ whu. edu. cn　网址:www.wdp. com. cn)
印刷:虎彩印艺股份有限公司
开本:720×1000　1/16　印张:12.5　字数:168 千字　插页:1
版次:2017 年 10 月第 1 版　　2017 年 10 月第 1 次印刷
ISBN 978-7-307-19707-7　　定价:59.00 元

　　本书得到中国人民大学 2016 年度"中央高校建设世界一流大学（学科）和特色发展引导专项资金"支持，特此致以谢意！

序

张治的新著《汉语同意应答语研究》运用会话分析理论中的"相邻对"(adjacency pair)概念和当代会话理论,从(a)与"同意"应答语配对的引发语语用类型、(b)汉语"同意"应答语的表现手段、(c)汉语"同意"应答语的情绪倾向类型这三个方面,对于现代汉语对话中表示"同意"态度的引发语和应答语,进行了系统的研究,从引发语和应答语两方面构拟了两个较完整的系统,获得了十分可喜的成果。纵观全文,该书的创新点,作者自己总结了以下五点:

第一,首次界定了汉语对话中"同意"应答语的语用意义内涵。

第二,通过"相邻对"概念初步建构了汉语"同意"相邻对系统。

第三,从二语学习者学习的角度探讨了汉语中能引出"同意"应答语的引发语,概括归纳了"同意"引发语的语用类型。

第四,从二语学习者表达的角度探讨了汉语"同意"应答语,并概括归纳了"同意"应答语的语用类型。

第五,将表达"认同"、"确认"、"接受"这三种不同的"同意态度"跟说话人的不同情绪倾向联系在一起加以研究分析,并作了较为细致的分类和较好的说明。

我认为作者所归纳的这五个创新点并不过分。作者在第一章第五节"相关研究现状"中对国内外的有关研究作了较为全面、准确的介绍,读者看完本书可以了解到,无论在国内还是国外,似还未见有对表示同意态度的引发语和应答语进行过如此系统的研究。此项研究应该说具有一定的填补空白的创新意义。

除作者所说的五点外，我认为该文还有三点很值得注意与肯定：

（一）研究探讨了不同的引发语和不同的应答语分别具有的规约形式和非规约形式，并作了一定的说明。

（二）探讨了现代汉语不同句类跟"同意"应答语之间的对应关系，并得出了一些有益的结论。

（三）还对造成二语习得者"听"得"不灵"，所以"答"得"不妥"的情况与因素，进行了一定的分析与描写。

作者撰写本书的目的非常明确，一方面试图对现代汉语对话中表示"同意"态度的引发语和应答语进行系统的研究，另一方面，也是更为主要的意图是服务于汉语作为第二语言教学的需要。这一点，作者在第一章第四节"选题缘由"中有很明确的说明。读完本书，读者可以体会到，本书不仅有一定的理论价值，同时对外国、外族汉语学习者了解、掌握、运用表示"同意态度"的引发语和应答语，都有直接的参考价值。是为序。

陆俭明

2017 年 8 月 16 日

于北京蓝旗营寓所

内 容 提 要

　　态度表达，又叫"表态"，是言语交际中一种很常见的言语表达。不同的语言形式反映说话人不同的态度立场，同一种态度也可以通过各种不同的言语形式负载丰富多样的情绪或情感。态度表达中最基本的莫过于"同意态度"和"反对态度"，以"同意"态度为例，我们就能看出态度和情绪之间相互依存的关系。本书借用会话分析理论中的"相邻对"概念及言语行为理论等对汉语对话中表示"同意"态度的应答语进行了系统的语用考察。

　　在现有相关研究较少的背景下，本书重点探讨的是：外国学生在以汉语为目的语的学习或与中国人的交谈过程中，到底在哪些情况下，需要他们使用应答语表达同意态度？如何判断自己听到话语后需要表达同意态度？具有哪些规约形式的引发语可以引出同意应答语；在现代汉语里有哪些可以表示同意的应答形式？同一引发语引出的表达同意态度的应答语，在情绪倾向方面有什么差异？

　　本书由以下六章构成。

　　第一章：概说。介绍了态度和情绪在言语交际中的重要性；相邻对与言语行为之间的关系；应答语的概念和种类；本书研究的理论基础和主要问题；选题缘由；国内外相关研究现状；研究方法及语料说明。

　　第二章："同意"相邻对。本章从"相邻对"概念出发，根据实际搜集到的语料归纳出汉语同意应答语常出现在以下三种"同意"相邻对中：(1)【观点—认同】：即应答者对发话者提出的观点表示认同；(2)【猜测—确认】：即应答者对发话者提出的猜测表示确认；（3）【请求①—接受】：即应答者对发话者作出的请求、要求、命令、建议、提供、邀请等表示接受。根据"相邻对的构成是建立在话语表示的言语行为之间的衔接基础上的"这一原则，本章证明了"相邻对"的引发语和应答语应该从言语行为，而不是按照句子的肯定或否定形式来进行表述。最终确认本书讨论的同意态度是建立在话语所表示的言语行为基础上的，与句子表面的肯定或否定形式没有必然的联系，本书所讨论的"同意"，其语用意义内涵主要包括认同、确认、接受三大类。同时本章还讨论了能引出同意应答语的引发语应满足的语义、句类、语用条件；总结了"同意"应答语与句类、肯定否定形式之间的关系。

第三章：与"同意"应答语配对的引发语语用类型。本章从发话者的角度，指出与"同意"应答语配对的引发语语用类型，根据引发语实施的言语行为的不同，归纳出与"同意"应答语相对应的引发语主要包括：观点、猜测、请求、要求、命令、建议、提供、邀请；为了帮助二语学习者识别哪些是有必要引出"同意"应答语的引发语，帮助他们理解这些引发语表示的言语行为，本章还逐一归纳了各种语用类型所对应的规约性句法形式标记。

第四章：汉语"同意"应答语的表现手段。本章指出了汉语同意应答语的表现手段（即规约性句法形式）。我们发现按照回答的方式上，可以分为两大类：直接形式的同意应答语和间接形式的同意应答语，直接形式主要包括优势标志独用、优势标志合用、优势标志+词汇重复、词汇重复的独用；间接形式则包括通过反问表达同意、通过复句关系衔接表达同意。

第五章：汉语"同意"应答语的情绪倾向类型。实际语料显示，汉语母语者在使用汉语同意的三种语用意义内涵（认同、确认、接受）时

---

① "接受"应答语的引发语可以是"请求"、"要求"、"邀请"、"命令"、"建议"、"提供"（参见张治，2009）。

的确会用不同的形式表达不同的情绪倾向，这些情绪倾向可在一个两端明显、中间模糊的连续轴上表示出来，其中欣然类情绪和勉强类情绪分别在连续轴的两端，而轴的中间部分界限不明显，应答语表达的情绪倾向往往只存在程度的不同；该轴的两端界限则是明显的，对应着一些有规律的情绪标记。在这一章中，作者归纳和梳理了位于情绪连续轴的两端，最能体现同意态度的优势标志各自对应的情绪倾向：具体而言，欣然类的情绪包括欣然认同、十分有把握的确认和欣然接受；勉强类的情绪包括勉强认同、不太有把握的确认和勉强接受；对于不含优势标志的同意应答语的情绪倾向，本章也给出了三个相关的主要结论。

第六章：结语。总结了本书的主要结论，并指出有待进一步研究的问题。

ABSTRACT

Speaker's intention is usually to be showed in speech communication in real intercourse. The speaker accomplishes the function of some speech act while expressing such an intention. If the first speaker's intention is acceptable to the respondent, the respondent will make a response to satisfy speaker's need while what he intends to do expressed in his turn This is called "preferred answer" and the converse is called "dis-preferred answer". The response in agreement that we have discussed in this study is a kind of preferred answers.

This study is the first attempt to systematically explore the response which may show respondent's agreeing with the first speaker or agree to do something in Mandarin Chinese dialogue borrowing the notion of "adjacency pair". In brief, "adjacency pair" is just a turn-taking in which one person speaks and another person responds in Conversation Analysis theory.

This dissertation is made up of three parts: introduction, text and conclusion. The text is divided into 4 chapters (from chapter Two to chapter Five), the summary is as follows:

Chapter One includes the introduction, the object of study, related research home and abroad in linguistics, purpose, and methods of study.

In Chapter Two we have defined thedefinition of agreement for the first time, and we found that there are three types "agreement" in Mandarin

Chinese. The notion of "agreement adjacency pair" is been raised. Different types of response (the second part of "agreement adjacency pair") in agreement usually require connection with some particular types of the first part. —e. g. "assent" as a response in agreement only requires opinion: "confirmation" as a response in agreement only requires conjecture, "acceptance" as a response in agreement only requires request, demand, command, suggestion, offer, invitation and apology. This above fact corresponds with the conditional relevance between the first part and the second part (response) in the characteristics in "adjacency pair".

Recognizing the pragmatic function type of the first part has been noted to be a prerequisite for the second language learners to make a response in agreement in the right speech occasion to avoid communication breakdown or pragmatic failure. The nonnative speaker needs to find out the sentence types of the first part and to find out the speech act types of is the only way to recognize the pragmatic function type of those. Finally, we concluded the condition that the first part occurring in "agreement adjacency pair" should satisfy.

In Chapter Three the pragmatic function types of the first part in "agreement adjacency pair" has been pointed out from the speaker's viewpoint according to the different types of speech acts of the first part. We found that there are twelve conventional speech acts usually acting as the first part. In order to help the second language learners to recognize the first parts which might introduce response in agreement and find out the actual speech intention, the conventional syntax constructions or marks matching with the pragmatic function types of the first part have been addressed one by one in this chapter.

In Chapter Four almost all the means of response in agreement with multiple examples have been demonstrated in Mandarin Chinese. Different means have been divided into two levels: one is the response in agreement containing "differentiating form;" the other is that in agreement without "differentiating form," which is composed of direct means and indirect means. In addition, the means of response in agreement of nonverbal behavior in speech intercourse, such as movement, silence have been simply introduced.

In Chapter Five the sentiment types of response in "agreement adjacency pair" has been summed up from the respondent's viewpoint for the purpose of being learned and imitated by the second language learners, and we also listed the conventional forms of responses with different sentiment types in agreement so that the learners who regard Chinese as a second language can communicate decently with the native Chinese speakers in daily conversation.

Chapter Six is the conclusionin which we have made the main conclusion of this dissertation, and the aspects where we will make more effort to study in the future are also given in this chapter.

Keywords: response: agreement: adjacency pair: preferred answer: pragmatic failure

目　录

表 目 录

第一章 概　说

第一节　语言中的态度和感情

　　正如英国应用语言学家皮特·科德在《应用语言学导论》一书中谈到的：“大多数话语确实都有认识的成分，但这并不等于说，语言的功能就只是表达那种成分而已。所有的语言都有一种表态成分，即与说话者的意图有关的那种表态成分，说话者正是靠这种成分来表达其心理状态、活动和讲话的原因。”①比如爸爸说：“今天孩子还去早教中心上课吧？”妈妈可能会作出各种不同的回答：

　　(a)妈妈：是。

　　(b)妈妈：是啊。

　　(c)妈妈：那当然咯！

　　(d)妈妈：孩子不是昨天就说了吗？

　　(e)妈妈：今天不去哪天去啊！

　　……

---

　　①　陈建民(1987). 良好的言语交际心理[J]. 江西大学学报(哲社版)(1987年增刊).

这种种妈妈可能的回答，都表明了妈妈对爸爸猜测的确认（属于同意态度的一种），同时表达了妈妈对爸爸问话的不同情绪。可见，语言除了表示理性意义外，往往还带有一定的态度和感情。这表明，在一说一应的对话中，受话人听到对方的话时，往往会联系自己与对方的关系，揣摩对方的说话意图，考虑当时的交际环境，用不同的语言形式表达自己的态度和感情。这种现象在对话中十分常见，比如甲说："春节去我家玩吧!"如果甲和乙关系很近，表达态度时乙会说得直接些，用"好啊"表示同意或用"不行，我春节有事"表示反对；如果甲和乙关系不那么近，乙可能更倾向于选择间接的话语形式，比如表示勉强情绪的"那好吧"、"也行"；通过拖延表示间接反对的"到时候再说吧"，等等。① 毋庸置疑，言语交际中随处都包含着不可忽视的态度因素和情感因素。

一、态度的定义

社会语言学中"语言态度"指的是人们"经由学习获得的有关人（或事物）的特定的认知、情感和行为取向"（Allport，1954；转引自 Garrett，2010），对语言的态度就是对讲这种语言变体的群体成员的态度，说到底是群体归属或认同问题②，但是本书研究的对象不是社会语言学中的"语言态度"，而是系统功能语言学中实现人际功能的态度，正如 Martin 基于弥补（Halliday，1985）的语言的三大功能理论的盲点，提出"评价系统理论"，认为人际功能可由评价、协商和参与三个系统来实现（Martin & White，2008）。其中，"评价系统"是一套描述和解释如何运用语言做出评价、表达立场以及经营人际关系的方法。

本书所说的"态度"表达的作用即是说话人通过言语做出评价、表达立场和协调人际关系。

更多的与语用学中的"言语行为"相关，对于能起以上作用的"态

---

①   陈建民（1986）. 受话人的言语反应[J]. . 语言教学与研究（2），第20页.
②   高一虹、许宏晨（2015）. 英语变体态度研究综述[J]. 外语教学与研究（外国语文双月刊）（6），第850页.

度"有哪些类别，各家有不同的说法：如刘虹（2004）从话语分析的角度对陈述句的应答或反应进行了分析，并归纳为致意、告别、呼唤、询问、道歉、祝愿、介绍、建议、陈述、感谢、提供、指责、赞扬、要求、祝贺十五种类型，更倾向于言语行为；陈建民（1984）认为，对话是"一方说出一件事、一个观点，另一方立刻对对方的话表示肯定或否定的态度，流露出褒贬的感情"。而孙雁雁（2011）重点考察了表达态度的应答衔接语模式，主要针对三种，包括肯定应答语、否定应答语、吃惊应答语。其中，肯定应答语包括表示表扬、称赞、满意、肯定、同意等积极态度的语言形式；否定应答语主要包括批评、不满意、不同意、后悔等消极态度；吃惊应答语是指处于肯定与否定态度之间，包括疑惑、惊奇、不相信、没想到等态度的答语形式。后两者倾向于肯定和否定之间。

二、态度和情绪之间的关系

在言语交际中，表态是一种很常见的言语表达，不同的语言形式反映出不同的态度立场；即使是同一种态度，也可以通过各种不同的言语形式负载丰富多样的情绪或情感。以非常普遍的"同意"态度为例，我们就可以看出态度和情绪之间相互依存的关系。例如一个简单的话语"妈妈，我想买新玩具"，就可以引出一系列表示不同情绪的"同意"应答语。一说一应看似简单，却蕴含着众多的变化。

[1]红红：妈妈，我想买新玩具。

妈妈：

回答1：没问题。

回答2：咱们这就去买。

回答3：那好，依你。

回答4：可不是，是得给你买个新玩具了。

回答5：我也正这么想呢。

回答 6：这个主意不错。

回答 7：（微笑着点头。）

回答 8：也行，你好久没买新玩具了。

回答 9：买就买吧。

回答 10：真没办法，就依你吧。

回答 11：好好好，就算是你的生日礼物。

回答 12：买买买，行了吧？

回答 13：这……也行！

回答 14：好，待会儿我们就去商店选。

回答 15：行，可以。

回答 16：行，走吧。

回答 17：那就买个新的。

回答 18：我同意买，但是你得听妈妈的话。

回答 19：我没意见，不过只能买最便宜的。

回答 20：只要你听话，我就给你买。

……

只要有想象力，我们还可以作出更多形式的回应。在所有这些回应中，虽说都表示"同意"，但在情绪上却有些不同：如回答 1~7 是很高兴、很情愿地欣然同意；回答 8~13 是不太情愿地、犹豫地勉强同意；回答 14~17 是无条件、语气很干脆地同意；回答 18~20 是有条件地同意。交际者在表达同意态度时，可以通过多种不同的选择来细致地表达自己的不同情绪。

第二节　态度与相邻对

这样的"一说一应"在会话分析学上有一个专门的概念，就是"相邻对"。Schegloff & Sacks(1973)最早将这样一些紧挨在一起的"话轮对"称为"相邻对(adjacency pair)"①。Sacks 这样描述"相邻对"：口语交谈中，甲向乙发话，乙对此作出反应，两者的话语构成一对意义上关联着的语列，其中甲的话语为"始发语"（也有人称为"引发语"）；乙的话语为"应答语"。②

一、态度表达常出现在相邻对的应答语中

大部分的表态出现在"一说一应"对话的应答语当中。所以谈到态度表达，就不得不提到应答语。而应答语在意义、结构上常常受到对话中上一句的制约，所以应答语的研究就转变为对相关相邻对的研究，我们对同意应答语的研究必须放在同意相邻对中考察才能体现其特点。

二、相邻对

(一)用言语行为表述优于用语义来表述

已有的相邻对研究中，前贤们对引发语或应答语的命名大多凭语感，即对"相邻对"中引发语和应答语的表述没有统一的标准。比如：对于表达同意态度的应答语，人们很容易将肯定-否定，同意-反对这两对概念混在一起，就像朱德熙(1982)在研究是非问句时提到："是非问句可以用'是的'、'对'等回答，表示同意，也可以用'不是'、'不对'回答，表示否定。"这样让这两对概念的关系显得更加扑朔迷离，其实它们属于不同视角的表述："肯定"、"否定"、"提问"是从语义角度来表述的；"同意"、"反对"、"搪塞"、"质疑"是从言语行为角度来表述的。那么，到底哪一种表述更能体现"相邻对"的特征呢？

我们认为相邻对用言语行为表述比用语义来表述更合适。

---

① Schegloff, E. A. & H. Sacks. (1973). Opening up Closings [J]. Semiotics, (8/4). pp. 289-327.

② 转引自匡小荣(2006). 口语交谈中的基本运用单位[J]. 汉语学习，(2).

首先，人们在说话时都是带有一定说话意图的。从相邻对引发语和应答语之间的"制约性相关"上也可以看出：第一部分的出现之所以能预示第二部分的出现，是因为发话者在说出引发语后，对应答者的回应是有所期待的，这种期待在一定程度上反映了发话人的说话意图。

其次，这种说话意图是通过话语表示的言语行为来实现的。陈建民（1987）认为："交际是双向甚至多向的，交际目的不但使受话人听懂自己的话，还要使他们听了自己的话以后因共鸣而有所'动'，即说话的目的是'以言行事'；实际上，发话人也是希望通过说话来实现某些言语行为的。"

Halliday 和 Hasan（1976）曾谈到："从某种意义上来说，相邻对的构成是建立在话语表示的言语行为之间的衔接基础上的。"①这句话在一定程度上默认了相邻对的引发语和应答语用言语行为来表述更能体现其特点。何兆熊（2002）在《新编语用学概要》中提到："由于句法形式和句子的交际功能之间的差异，相邻对的第一部分和第二部分的关联并不体现在句法形式上，而体现在两部分的话语所实施的言语行为上。"李永华（2008）在界定"应答语"这一概念时直接把所谓应答语定义为：由引发语触发而产生并且表达信息传递一定交际意图的任何言语或非言语行为，并特别提到："之所以把应答语称之为行为，是因为话语不仅是形成交际中的话语结构，更重要的是要传达意义完成某些特定的行为，因此把应答语称之为一种行为不仅是合适的也是应该的。"

鉴于相邻对和言语行为的紧密关系，我们结合 Sacks 对"相邻对特征"的归纳，在国内一些学者（如刘虹，刘运同）的研究基础上，将"相邻对"的特征综合表述如下：

（1）由两个话轮构成，每个话轮都表达一个言语行为；

---

① Halliday, M. A. K & Hasan, R. Cohesion in English［M］. London：Longman, 1976. 他们提出了五种"非结构性衔接"：指称（reference）、替换（substitution）、省略（ellipsis）、连接（conjunction）和词汇衔接（lexical cohesion），后来 Hasan 又扩大了衔接的范围，增加了结构性衔接和相邻配对（adjacencypair）作为衔接手段。

（2）两个话轮相邻接，所表达的两个行为通常紧挨在一起；

（3）两个话轮各由不同的说话者发出；

（4）排列顺序是有规律的，先出现的是相邻对的第一部分，后出现的是第二部分；

（5）前后话轮之间具备"制约性相关"关系，即第一部分（前一话轮）所表达的言语行为关系到第二部分（后一话轮）的选择，第一部分的出现制约着第二部分的出现。

（二）应答语和引发语的关系影响言语交际的进行

要了解相邻对中的应答语，首先，我们必须先了解清楚与之有制约性相关的引发语，能引出同意应答的是什么样的引发语，这些引发语在表层的语言形式上表现出什么样的规约形式，哪些形式常常表现间接言语行为。因此本书专门在第 3 章中着重讨论了引发语的规约形式。

引发语和应答语之间的这种"制约性相关"说明"说"和"听"相辅相成，互相促进。一方面，说话人边说边进行监听，听自己说出去的话有无不妥之处，并留心听话人的反应，另一方面，聆听在口头交际中也是十分重要的一环，听话人边听边分析，辨识出发话者的真实意图，然后做出合适的反应。

在言语交际中，由于"听"得"不灵"造成言语交际不畅的情况，说话不适当、不得体，不能有效地达到交际目的，这几乎是所有二语习得者经常遇到的问题。

对于二语学习者来说，在实际言语交际中，由于"听"得"不灵"，造成"答"得"不妥"的情况是比较常见的，这种困境的出现，至少有以下几个因素：

第一，间接言语行为的存在，导致了从表面上的语言形式不一定能看到内里真实的说话意图。言语行为有显性和隐性两种，显性言语行为有一定的形式，其意义直接由词汇和语法关系表现出来，明话明说，容易理解；隐性言语行为却是从特定语境里引申出的一种言语意义，这种意义不是由词汇和语法本身表达出来的，而是靠听话人的经验和对背景知识的掌握去理解的，需要通过一定的语用推理才能发现引发语和应答语之间的紧密联系。

各类句法形式除了本身经常表达的言语行为外，还可在具体语境中表达其他言语行为，这些其他的言语行为被称为"规约性间接言语行为"。比如：疑问句不仅可以表示询问，还可以间接表示"请求"、"命令"、"建议"、"邀请"等言语行为；陈述句不仅可以表示陈述，还可以间接表示"请求"、"命令"、"劝告"、"提请注意"、"允诺"等言语行为；祈使句不仅可以表示祈求，还可以间接表示"警告"、"提供"、"妥协"、"让步"等言语行为。① 因此，句法形式和言语行为并非一一对应的关系。

不少调查表明，留学生在会话交际中出现的应答偏误常常与未能正确识别引发语的功能类有关。在实际课堂教学中，我们也亲身遇到过这种情况：留学生在与汉语教师的交谈中，对于识别引发语实际的言语行为常常很被动或很模糊，拿捏不准自己是应该用"是"还是用"行"作应答的开头，往往按照问题表面所提示的来应对，造成交际失败。正如于聂(2007)所言："对于外语学习者而言，要清楚地辨析引发语绝非易事，由于形式与功能之间的矛盾使得问与答结构的识别更加复杂化。看似问题的问句(或引发语)在某一特定场合可能完全没有提问的功能，而不具备问句形式的话语恰恰起到了提问的功效。"②显然，这势必给没有汉语语感的外国留学生理解"同意"相邻对的引发语增加难度。

留学生因为没有语感，只能通过学习储备以下知识：哪种句法形式较常行使哪种言语行为，哪种句法形式偶尔行使哪种言语行为，此时有哪些语境提示或限制条件。这样才能听懂发话者的用意，并做出及时得体的态度回应。

---

① 　何自然(1988).语用学概论[M].长沙：湖南教育出版社.
② 　于聂(2007).汉语会话过程中的肯定性应对研究[D].北京：北京语言大学.

刘虹(2004)从话语分析的角度对陈述句的应答类型进行了分析，并归纳为致意、告别、呼唤、询问、道歉、祝愿、介绍、建议、陈述、感谢、提供、指责、赞扬、要求、祝贺十五种类型。

第二，交际过程中，社会因素和心理因素都十分重要。善于听，能听出言外之意：有些人说话含蓄，或因情绪激动而说得不利落，听者只有借助语境和生活经验去理解对方说话的真正含义。学生们应该注意区别不同的对象、不同的场合、选择恰当的词语，运用恰如其分的语气说话，这样说出来的话才能适当、得体。

第三，汉语"意合"的特点加之语言表达的"经济原则"，造成句子表层形式浓缩，这给留学生辨别说话人意图增加了难度。因为在汉语里只要语义上搭配起来合乎事理，句子所传递的信息往往可以通过语境意会，这就使得汉语常常以浓缩的句子表层形式出现，却包含丰富的深层意义。

第四，对于一些引发语进行规约性的回应，外国留学生对此不知情，只能由教师直接告知。比如，假如有人说要送送你，你对别人的好意该怎么表示呢？如果同意送行，就可以说"你太客气了"、"又要麻烦你了"；如果不同意送行，也可以直截了当地说"不客气，我带的东西不多，不必送了"。再比如，当别人跟你说"谢谢"表达感激时，有些人或者用"谢谢"对答，或者张口结舌，这些都是不恰当的，这种情况下应该说"没关系"、"不必客气"。

作为汉语母语者可以凭借语感，做一个能领会说话者真正意图的聆听者，根据说话时的语气和态度，对说话者的社会身份、文化修养以及他与听话人的关系等众多参数做出判断；汉语作为第二语言的外国学习者，他们没有汉语的语感，没有足够的辨别经验，对背景知识的了解也有限，更是依赖于从字面上去了解引发语的真正的言语行为（即说话者），所以本书的研究在于引导留学生在观察引发语字面形式的基础上，了解某些规约形式的间接言语行为，听出发话者的真正意图。

三、同意和反对态度是这些言语行为中的两种典型

各种语言中的"态度表达"，最基本的莫过于"同意态度"和"反对态度"。本书将针对同意态度做相关研究，反对态度将另文分析。

《现代汉语词典》①中"同意"的解释为："对某种主张表示相同的意见；赞成；准许。"同意应答语是口语对话中表达同意态度的基本途径。我们的研究思路是：在一说一应的对话中，母语者对于"同意"的应答都有一个模糊的语感界限，凭借语感，我们将实际掌握的语料逐条分析整理，将母语者认为的同意应答找出来，同时将这种语感用它所对应的言语行为具体化，试图归纳出一定数量的同意相邻对。

第三节　同意应答语

一、应答语的概念

应答语是一个比较笼统的概念，还没有人给它做过一个完整的定义。廖美珍(2003)对答话的定义是："答话是对问话的任何口头反应行为。"罗宾逊和拉克斯托(1972)则认为"答话是对问话的反应"，并指出"回答的正常形式至少是一个陈述(statement)，用陈述子句结构表达，在这个句子中，主语在述位成分之前——尽管提供信息的回答也可以采取其他的形式。"研究者们指出："答话是对问话的反应，但是反应并不一定是回答。"从行为、形式、语境三方面制订了属于回答的反应应该具有的标准，限定了应答语的范围。

鲍姆(1977)认为"应"和"答"的区别在于：任何回答都可以称作

---

① 中国社会科学院语言研究所词典编辑室编(2005). 现代汉语词典[M]. 北京：商务印书馆出版.

"应"，但只有属于言语的正确反应才可以称为"答"。这里提到的"正确"实际上是指应答语应符合引发语的期待，但是何兆熊(2002)认为：
"一个相邻对的第二部分是否第一个说话人所期待的第二部分，并不影响相邻对构成的完美性。"李永华(2008)则不对应答语作"应"和"答"的区分，将"应答语"界定为：由引发语出发产生并表达信息传递者的一定交际意图的任何言语和非言语行为。

二、应答语的分类

1. 从形式上来讲，应答语分为两大类：直接式应答语和间接式应答语

(1)直接式应答语

对问题最简洁、自然而合格的解答就是直接答语。同时问题的直接解答常具有某种固定的语法形式，而且可由问句形式通过简单的能行的语形变换得到。直接式应答语形式上比较简单，一般不会产生语用含义，从言语形式上可以很容易地看出应答者的态度及其提供的言语信息，也被称之为"理想状态的应答语"。

如同意应答语中用"是"、"对"、"行"等形式，或用重复引发语的某一言语片段的方式作应答，就属于直接应答语。

(2)间接式应答语

不沿用引发语的语言形式，而采用间接言语形式作答，形式比较复杂，有多种表现形式，往往产生多种语用含义，需要通过一定的语用推理才能发现引发语和应答语在意义上的联系，也被称为"非理想状态的应答语"。间接答语的运用是人们避免在交际中陷于被动而采取的形式，间接答语的运用是较高言语交际能力的体现，比如儿童之所以直接答语较多，就是因为儿童的交际能力不及成年人。

表 1-1 间接应答语的目的

方　式	目　　　的
间接应答语	转换话题
	抢占话轮控制权
	强化肯定或否定语气
	交际双方共知信息的调动
	追求含蓄或风趣

在本书研究的同意应答语的表现手段(详细论述请参阅本书第四章)中，直接应答语包括：直接表示说话态度的优势标志和重复。间接应答语包括：通过反问句表达同意态度；引发语和应答语之间构成复句语义关系。

2. 从意义上分类，应答语可分为合意应答语和不合意应答语

国内外对应答语的研究不是很多，较早对应答语进行论述的是Levinson，S. C. (1983)把可能出现的应答语分为"合意"的应答和"不合意"的应答，能够满足发话人心理期待的"合意"应答往往是无标记的，在结构上以较简单的形式出现；而"不合意"的应答语是有标记的，在结构上有各种复杂的形式。应答语往往是无标记的，在结构上一般是以比较单一的话轮出现。而不合意的应答语是有标记的，形式复杂多样。

三、应答语的特点：多样性

刘虹(2004)发现，在实际会话过程中，发话者发出一个始发语后，可能对应一个应答语，也可能对应若干个不同的应答语，这些应答语都是合法的。如：始发语为建议，可以引出"同意"、"反对"、"搪塞"、"质疑"等应答语。

(一)应答语呈现多样性的原因

1. 引发语的影响和制约

研究应答语不能不提到引发语，虽说应答语有自身的规律性和特

点，但是作为相邻对的重要组成部分，引发语的类型在很大程度上制约了应答语的类型，有问才有答；另一方面，言语交际过程中的问话本身具有不可预测性，具有很大的弹性，问话的是否合适会影响会话是否能继续进行下去。选择什么样的言语形式来回答往往具有策略性，这势必带来应答语的多样性和不可调控性。应答语和问句的疑问点之间的关系，可以一致，也可以不一致。

2. 语境因素的制约

"任何词语、句子都是在一定的语境中运用的，语境和语义有十分密切的关系，任何语义都必须在一定的语境中才能得到实现，而语境又是动态多变的，不仅包括客观因素：言语交际活动的时间、地点、场合、参与者；也包括主观因素：言语使用者的身份、思想、地位、性格、修养、处境以及交际过程中的精神状态。"还包括交际参与者的交际意图和交际方式。

语境对应答语存在着影响，而且语境也不是一成不变的。需要交际双方根据语境的变化不断地调整自己的话语形式以满足特定交际场景的需要，完成交际活动，这在某种程度上也造成了应答语的多样性。

3. 语用原则的制约

(1) 目的性原则的制约

人们交往的过程总是带有这样或者那样的意图，即使是日常生活中常见的漫无边际的随意闲谈也带有一定的目的性，因此对语言的使用必然带有目的性。

(2) 礼貌原则的制约

我们对语言的使用不仅要受到语言自身的影响，还往往要受到我们所处的非语言环境因素(社会文化、文化传统、道德标准、行为规范、物质环境、自然力量)的制约和影响。这些因素往往潜藏在语句之外，影响着人们对语言的使用，为了能顺利交际，完成交际任务，人们可以根据自己所处的实际情况来合理使用语言进行交际。

　　为了不伤害双方的面子，或将交际双方面子的受损程度降到最低，就要采用礼貌表达。人们会有意或无意地违反合作原则及其准则，在某些必要的交际场合还能牺牲合作原则及其准则以间接、含蓄的言语形式表达自己，完成交际。

　　礼貌原则是为了挽救合作原则而提出来的，许多言语活动的事实告诉我们：人们并不是严格按照合作原则及其准则的要求进行交际，交际双方可能直言不讳，也可能顾左右而言他，故意违反合作原则及其准则，之所以出现这样的情况，很大程度上就是出于礼貌的需要。

　　一般情况下，越是间接的言语表达形式则越显得礼貌。为了顺利完成交际任务，就势必要采取交际双方都能够接受的言语形式来表达自己的交际意图，这也是出现多种应答语的一个重要原因。

　　应答语和引发语总是或多或少存在着形式上的某些偏差，呈现出其独有的表现方式和使用特点。

　　"由于答语是形形色色、千变万化的，要归纳出间接答语的结构特征比较困难。但我们仍可做一番努力，考察以下两方面：第一，答语是否重复了问语的部分（用来回答问题的部分，包括省略的）或全部，是怎样重复的；第二，答语是陈述的还是其他语气形式。"①

（二）应答语的多样性与学生交际能力培养的关系

1. 学生掌握的应答语形式越丰富，其语言交际能力越强

　　刘森林（2007）认为说话人具有语用策略能力，即说话人不仅具有随着具体语言环境调整自己所使用语言形式的能力，也有使用交际策略解决交际中出现的问题的能力。"掌握语言形式较多的人，交际中常常能根据需要，更加灵活地进行语言代码转换。

2. 应答语本身的多样满足了说话人在用语言表达复杂情绪的需要

---

① 　庞秀成（1990）. 由间接答语构成的问答语对［J］. 松辽学刊（3），第72页.

第四节 选题缘由

一、本体研究方面的思考

(一)满足语用学研究的需要,促进汉语篇章语言学中对话衔接的发展

1. 语用学学科的独立

"语用学"这一术语的出现可以追溯到 20 世纪 30 年代。美国哲学家 Morris(1938)在《符号理论基础》(*Foundations of the Theory of Signs*)中首次使用了 pragmatics 这一术语。Morris 认为符号学由符号关系学(syntactics,即句法学)、语义学(semantics)和语用学三个分支组成。符号关系学研究"符号之间的形式关系";语义学研究"符号与符号所指对象的关系";语用学研究"符号与符号解释者的关系"。这三个分支又可进一步分为两大类:"纯粹的"和"描写的"。前者如纯句法学、纯语义学和纯语用学,这一类以研究术语和理论为主;后者如描写句法学、描写语义学和描写语用学,这一类以分析实例为重。Morris 的观点得到了另一位哲学家和逻辑学家 Carnap 的支持。Carnap 认为:"如果一项研究明确地涉及语言使用者,我们就把它归入语用学的领域。"本书对"同意"应答语的研究就属于以分析实例为主的描写语用学范围。

直到 20 世纪 60 年代,语用学还是一个接纳人们因语义学容纳不下而要抛弃的内容的"废纸篓",语言与人们的生活息息相关,语言学作为一门科学,也必然和社会发生千丝万缕的联系。那种"为科学而科学"的"纯科学"语言学观逐渐受到人们的质疑,20 世纪 60 年代提出的"语言学是以人和社会作为实践对象的科学"的观点得到肯定,作为继承和推动这种观点的重要力量,语用学获得了迅速发展,到了 20 世纪

70 年代末，"语用学"这个所谓"帮闲学科"一跃而就成为语言学中一门新兴的独立学科。

2. 语用学的内涵：微观和宏观

按照 Levinson(1983)的观点，语用学可分为微观语用学和宏观语用学，微观语用学将语用学看作语言学学科的一个分支，研究的对象包括指示语、前提、会话含意、言语行为、会话结构等，认为语用学的任务就是对这些成分进行动态研究，又称为"分相论"，是语用学界普遍接受的看法。

而宏观语用学则主张凡与"语言的理解和使用"有关的都是语用学的研究对象，认为语用学渗透在语言运用的所有层次，语言的所有层面都有值得进行语用研究的方面，不仅把语用学看作语言学的一个分支，而且将其看作语言功能的一种纵观，又称为"纵观论"，覆盖面很广，一些涉及语言功能的学科(如语篇分析、交际中的人类文化学)和社会语言学、心理语言学、认知科学等学科的部分内容都与语用学有关。

3. 语用学的分支学科

语用学归根到底是一门研究如何理解和使用语言，如何使语言合适、得体的学问。可以从说话人、听话人、语境、动态交际四个角度进行研究。近年来，随着语用学研究的发展，语用学的研究内容逐渐丰富，大致可以两分为对语言本身的语用研究(如语用语言学)和语用学与其他学科相结合的跨学科研究，尤以后者发展更为迅速，各种跨学科语用学不断涌现，其中较有影响的分支学科包括：认知语用学(研究语言和心理认知的关系)、社会语用学(研究语言和社会的关系)、发展语用学(研究母语语用能力、习得)、跨文化语用学(研究语用和文化的关系)、语际语用学(研究外语语用能力)。

20 世纪 80 年代以来，语言学研究又出现了一门新的分支。随着对外交往的频繁，跨文化交际越来越引起人们的关注，不同的语言在使用时往往带有不同的文化特征，母语的文化特征或多或少会影响到跨文化交际，布卢姆-库尔卡(Blum-Kulka)等人认为以下四方面构成跨文化语

用学研究的内容①:

(1)言语行为的语用研究(speech act pragmatics);

(2)社会-文化的语用研究(socio-cultural pragmatics);

(3)对比语用研究(contrastive pragmatics);

(4)语际语言的语用研究(interlanguage pragmatics)。

国内在20世纪80—90年代开始对跨文化语用学予以关注,有一批讨论跨文化语用研究的论文,内容涉及跨文化语用对比、跨文化语用能力、跨文化语用顺应、跨文化语用失误、跨文化语用规约等。也出现了一些与跨文化语用学相关的著作,如邓炎昌、刘润清的《语言与文化》(1989)、王福祥《对比语言学论文集》(1992)、王得杏《英语话语分析与跨文化交际》(1998)等,胡文仲、林大津、贾玉新等学者还出版了名为《跨文化交际学》的著作。不过至今为止,国内以汉语为主旋律的跨文化语用学专门著作,笔者还未发现。

(二)提高第二语言学习者的语用交际能力,满足复杂情绪的表达需要

语言交际中,多数误解的产生不是因为对方听不懂,也不是因为不知道某些词义或句型结构,而是没能理解说话人的意图或推知话语的语境含意。这说明,交际意图的成功理解是实现成功交际的关键,否则可能出现语用失误或交际失败。

1. 语用失误的概念

语用失误(pragmatic failure)是Thomas(1983)提出的观点,何自然(1988)认为"在言语交际中导致交际者本人未能取得完满交际效果的差错统称为语用失误(pragmatic failure)"。

语用失误的产生就是听话人没能获取说话人希望通过某一话语或某些话语传递的交际意义或隐含信息。在跨文化交际中,语用失误问题尤

① 萨姆瓦等(1988). 跨文化传通[M]. 北京:三联书店.

为重要。

Thomas(1983)根据 Leech 关于语用学的分类，将语用失误分为两类：一是日常语用方面的失误(pragmalinguistic failure)，是指由于不同语言之间的语言差异引起对说话人语用用意的错误理解；二是社交语用方面的失误(sociopragmatic failure)，是指说话人不注意谈话对象的身份或社会地位，对地位较低或关系密切的人使用了过于礼貌的表达方式，或者对地位较高或关系疏远的人使用了较为亲昵的表达方式。

而日常语用层面的语用失误主要表现在以下几个方面：

(1) 使用表面对应而施为用意不同的言语表达方式。几乎是一字一句地套用第一语言的日常语用习惯。例如，中国学生错误地将母语的"你吃了吗?"或"你去哪儿?"(招呼语)直译成英语，用在英语打招呼的场合中。

(2)使用施为用意相同而表达方式不同的言语行为。同样是表达"恭维"，英语习惯用以"我"为中心的表达方式；而汉语习惯用以"你"为中心的表达方式，如果老外采用英语的表达方式用汉语恭维中国人，说"我非常喜欢你的裙子"。本来是恭维对方，结果中国人会觉得很尴尬。

(3)将第一语言的词语直译为第二语言里根本不存在或根本不合适的词语。例如，日本学生用英语表达强烈的请求时，竟然将日语里相应的词语直译为英语的 I am sorry。显然，在目的语环境下，表达请求的场合说这句英语是根本不合适的。

(4)不善于根据要求准确运用第二语言的日常语用手段。例如，不会使用第二语言来实施诸如"感谢"一类的言语行为 (Kasper，1989)。

(5)将第一语言中表示某种言语行为的词汇和句法材料错误地搬用到目的语中。

社交语用层面的语用失误主要表现在以下几个方面：

(1)在社会交往中的身份、地位关系摆得是否恰当；

(2)在表示拒绝时是否做得合适；

(3)是否需要道歉或感谢；

（4）是否按第二语言的语用要求表示恭维、答谢恭维和协商邀请；

（5）选择的礼貌方式是否妥当，采取了什么样的礼貌策略。

2. 语用失误产生的原因

在二语学习中，语用失误产生的原因很复杂，但间接言语行为和礼貌原则仍是其中较重要的两个。

（1）间接言语行为

跨文化交际中的语用失误常常由于二语学习者无法正确理解目的语的言语行为，而跨文化语用学中的"言语行为的语用研究"正好可以解决这个问题，这主要涉及人们在跨文化交际中能否用第二语言正确地表达或理解该语言的言语行为，间接言语行为理论告诉我们，一句话往往可以表达多种不同的言语行为（如命令、请求、询问、邀请、感谢等），如：你有手表吗？这句话在不同的场合可表达"请求"（请求听话人告诉询问者现在的时间，一般发生在陌生人间），或是真正的"询问"（多发生在熟人之间）。

而同一言语行为也可以用不同的言语形式表达，这些都需要依靠语境作出选择，如：

（1）关上窗子。

（2）请帮我关上窗子。

（3）能不能帮我关上窗子？

（4）帮我关上窗子，好吗？

（5）干嘛不关上窗子？

这几句话都可表达"请求"言语行为，但适用的对象不同：对上级或长辈，用（1）、（5）句不合适；对好朋友，用（2）句不合适。

在跨文化交际中这些不同的使用场合都应引起注意。基于这种情况，在对外汉语教学中，外国留学生该如何识别目的语中话语的言语行为呢？下例对话中甲和丙均为汉语母语者，乙为以汉语为第二语言来学习的非母语者。

[2]甲：你的笔能借我用一下吗？

乙：能。

丙：好的，你用吧。/当然可以。

甲想实施的言语行为实际上是"请求"，乙却将其错误地识别为"询问"可能性或能力，自然就会选用是非问句的肯定回答作为应答形式，造成了语用失误。

一些研究表明，二语学习者实施言语行为（如请求、接受不接受、建议、拒绝以及各种引起争论的行为）时，他们宁愿用中介语而不用母语或第二语言，并且比本族人更喜欢用直接方式表达语用意图。

（2）礼貌原则

Blum-Kulka 和 Olshtain(1986)将语用失误的原因解释为非本族人因跨文化差异，在应用 Grice 的会话含意理论各准则（例如，量的准则和关联准则等）时出错了，实际上 Leech 为了弥补会话原则的缺陷，所提出的"礼貌原则"在跨文化交际过程中也可能引发语用失误。

学者们发现，要用第二语言表达礼貌，人们往往以自己的母语习惯作为依据，只是依据的程度各有不同罢了。如日本学生用英语表达有礼貌的请求时喜欢用否定词语，因为他们用母语请求别人做某事时，为了礼貌，用的多是否定结构；母语是希伯来语的学生要用英语表达有礼貌的请求和道歉时，就感到英语过于直率而习惯套用母语的表达方式。

在礼貌策略的选择上，本族人与非本族人有差异；本族人大多以语境作为依据，而非本族人，例如日本的英语学生，就不大考虑语境。他们与地位不平等的陌生人用英语交谈时，同他们与地位平等而且熟悉的人交谈时一样，会采取相同的策略，用直接的、毫不婉转的方式去表达请求。

母语是英语的美国人在这种场合，必然按不同的语境采取不同的礼貌策略。日本的英语学生用英语实施"提供"、"请求"等言语行为时，也往往不按社交亲疏条件而使用相同的礼貌策略。在表示感谢时，说英语的美国人会根据对对方的感激的程度变动其表达方式，但母语不是英语的民族在这种场合说英语时就不会有这样的变动。

学者们观察发现：非母语学生在规约的手段和形式的范围内，完全能识别礼貌手段，更容易具有分辨礼貌程度的能力，同时学生也希望有一些可供遵循的标准，从第一语言到第二语言须要遵守什么样的语言和文化准则；两种语言之间在语用语言和社交语用方面的语用模式有何不同。

这就引发了一个问题：目的语中表示礼貌的常用规约手段和形式有哪些？如果能弄清楚这个问题，就能很好地帮助二语学习者更快地识别目的语中的礼貌手段，增强他们在跨文化语言交际中对目的语的理解能力。

汉语中现有的专项言语行为研究并不多，主要包括赞扬、建议、请求、拒绝等，在国内外的研究中，较多的是关于"拒绝"言语策略的英汉对比研究，与"同意"有关的言语行为研究不多。

(三)丰富篇章语言学对话的话段衔接的研究

同时，随着口语研究和对外汉语教学研究的不断深入，汉语口语中的衔接手段和对外汉语篇章教学也引起了人们的注意。周利芳①(2005)讨论了书面语和口语中的篇章连接成分的共性和个性特点，并以廖秋忠②(1986)、郑贵友③(2002)的分类作为基础和参照，结合口语会话中语气的表达，将口语中的话段衔接成分分为肯定与否定、因

① 周利芳(2005).汉语口语中表肯定、否定的话段衔接成分[J].语言教学与研究,(5).
② 廖秋忠(1986).现代汉语篇章中的连接成分[J].中国语文,(6).
③ 郑贵友(2002).汉语篇章语言学[M].北京：外文出版社.

果、承接、逆转四类，并具体描写、讨论了其中的肯定、否定成分的语用意义和衔接功能。本书对"同意"应答语的表现手段也可丰富篇章语言学对话的话段衔接的研究。

二、应用研究方面的思考

(一)培养第二语言学习者的语言交际能力，减少对外汉语教学中的语用失误

1. 什么是语用能力?

语法能力是我们具有的有关语音、句法、语义等知识，往往是抽象的、脱离具体使用语境条件的，而语用能力则是在一定语境条件下为了实现某一特定目标而有效地使用语言的能力。这两种能力构成了人们的语言能力。这与 Leech(1983)对能力的划分是一致的。

2. 语用能力较难获得的原因

在学习目的语的过程中会不可避免地受到母语文化语境的影响，产生语用失误。人们都是在一定的文化氛围中长大的，作为任何一个正常的人，他的一言一行显然要打上他所赖以成长的文化背景的烙印，包括他的思维习惯、行为习惯、通常要交流的意义、通常要说的话。英国人类学家把这种文化背景称为"文化语境"。它可以从两个方面起作用：一是限定交际意图的范围，二是规定了实现交际意图所采用的方式或手段(语言的和非语言的)。从语言的角度讲，它限定了语篇的语类及其结构，所以也限定了运用的词汇和语法的基本类型。英语中常见到这样打招呼的方法：

　　　A：Hi, John! Nice to see you again!
　　　B：Hi. Nice to see you again!

而在汉语中我们则常说：

　　[3]A：哎，老王！吃了吗？

　　　　B：吃过了。您也吃了吧？

3. 传统的二语教学方式使语用能力的培养滞后

　　长久以来，传统的语法教学离开语境讲解语法，只强调形式的正确性，忽视学生的母语文化语境的影响，学生的汉语语用能力得不到提高，致使学生在实际与中国人交际中出现各种语用失误。

　　随着二语教学实践的不断深入，人们意识到二语教学不能仅限于语法知识和规则，应更多地关注特定语境下的实际运用。在国内同属二语教学的英语教学界在 20 世纪 80 年代后期，已经开始关注中介语中学习者的语用能力，提出"中介语语用研究"（interlanguage pragmatics，也称"语际语用学"）的概念，研究非母语者对第二语言语用知识的掌握或使用情况，之后对外汉语学界也开始逐渐强调教学中对该能力的培养与引导，如：赞扬言语行为使用的恰当性；请求言语行为等。

(二) 为第二语言测试服务，帮助应试者提高应试能力

1. 二语教学的目的是培养交际能力

　　在 20 世纪 90 年代中后期，在 Kasper、House 等学者研究成果的影响下，二语教学中语用能力的培养与测试受到了更多的重视，

　　何兆熊①（1983）认为外语教学的目标是培养交际能力，而不是语言能力。交际能力中的一个重要组成部分是选择适合某一特定语境的语言形式的能力。这种能力对于母语者来说，是他语言习得的 部分，对不同的人在不同的场合说话应选用不同的形式。然而，由于语言和文化的差异，二语学习者无法自然而然地具备在外语中正确理解、使用间接语言的能力。因而，在第二语言教学中有必要加强这方面的教学，帮助

---

　　①　何兆熊(1983). 话语分析综述[J]. 外国语，(4).

学生正确理解和使用间接性的语言，尽量避免因不善领会别人说话的意图带来的种种麻烦。

20世纪70年代初，由Hymes（1972）首次提出的"交际能力（communicative competence）"，这一理论的提出使人们认识到语境和社会文化因素在交际中的重要作用；到了80年代，Canale和Swain（Canale & Swain，1980）对交际能力做了更系统的研究，将其分为语法能力（grammar competence）、社会语言能力（sociolinguisitc competence）、策略能力（strategic competence）和话语能力（discourse competence）。交际能力理论对第二语言教学起到了极大的作用，产生了一种新的教学流派——交际法教学（CLT：communicative language teaching），进而产生了相应的测试理论——交际法测试（communicative language testing）①

2."同意"应答语的研究与语言测试

语言测试方式与教学方法紧密相连。当语言教学观发生变化时，测试方式也随之改变。随着二语教学目的的变化，语言测试的重心也逐渐由语言处理能力（language processing ability）转向语言交际能力（language communicative ability）②，这种能力主要体现在对二语学习者听说能力的测试上。其实，要让学生用汉语与人交流，首先就得听懂对方的讲话内容。正如美国学者Krashen在他的第二语言习得理论中指出："无论儿童或成年人，在语言习得中，头等重要的是听力理解。"但从考试结果看，听力测试部分一直是众多学生的薄弱环节，"听不见"、"听不清"是学生常抱怨的。"听话能力高的人，说话能力也比较高；说话能力很强的人，听话能力也比较强"③（Harrison，1959），可见听力理

---

① 刘熠（2004）. 论听力测试中的多项选择题型[J]. 河北工业大学成人教育学院学报，（1）.

② 史芬茹、朱志平（2006）. 建立一种面向欧美学习者的汉语口语能力测试[J]. 语言文字应用，（12）.

③ Harrison, Carrol Franklin（1959）. A Study of the Relationship between Speaking and Listening Comprehension in the Single Individual [D]. Montana State University.

解能力在语言交际能力的培养中非常重要。

　　近年来人们认识到对语言的研究，不仅仅局限于内在的、理想化的机制，还应关注人们在真实环境中的语言行为。这种语言观使得人们在语言测试中开始关心考生对语言运用及所处语境。场景听力测试(contextualised tests of listening comprehension)逐渐流行起来，受试者将听一段场景对话或短文，这种测试手段的倡导者认为听力测试应涉及交际的各个方面：掌握交流中的事实观点并通过语调、重音、音量等了解说话人的意图。现在，第二语言的听力测试已从过去狭义的单纯检测受试者的听力能力转为更为广义的"交际性"(communicative)意义上的测试。

　　现有的汉语水平系列考试中听力理解是以检测受试者的语言接收能力(receptive skills)为目的的，即对听力材料的理解。其中有一个类型的小对话题(mini-conversation questions)。在 HSK 中，听力理解"对话"题可分为 9 种①：(1)判别和预测地点；(2)判断和预测针对时间提出的问题；(3)询问谈话的内容(即判断和预测说话人已经做了什么，正在做或将要做什么)；(4)判断和推测职业和身份；(5)判断和预测两个说话人之间的关系；(6)辨别其中一个说话者对某人、某事的看法；(7)原因题(回答以"为什么"开头的问题)；(8)有关的数字题；(9)推论题。

　　例如第(6)类题经常问的是：说话人是什么态度？关键是辨别说话者对人或事的看法，而"同意"或"反对"则是最典型的态度之一，如果将"同意"相邻对的引发语规约性形式归纳出来，就可以提高学生对这些词汇和结构的敏感度，帮助他们较快地识别出需要表态的引发语，并根据引发语和应答语之间的制约关系迅速地推断出应答语的情况。本书对汉语中同意应答语的研究成果至少可以用来指导第(5)、第(6)、第(9)类题型的命题，帮助外国学生更好地应对这几类听力题型的考察。从说话人的态度、上下文来让学生明白说话人的真正意图，提高学生的

---

① 李宝贵(1999). HSK 听力理解"对话"题型分析及应试技巧[J]. 汉语学习，(2).

对话理解能力。

第五节　　相关研究现状

在会话分析理论中，会话结构的最小单位"话轮(turn)"指的是"一个说话者在会话过程中从开始说话起直到停止说话或者被别人打断、替代为止所说出的一席话"①。Sacks 和 Schegloff 等人在研究了大量口语素材后发现单次会话至少包括发话人和听话人双方各自发出一个话轮，会话的参与者通过"话轮转换规律"交替发话，互相配合构成一篇连贯的会话，由此提出了具有深远影响力的"话论转换(turn-taking)"理论。他们把由不同的交际者各自所说的两个或两个以上话轮交替组合构成的结构称为"话轮对"。其中那些位置紧邻的"话轮对"的上句和下句常固定地配对出现，语义往往呈现出一定的联系。Schegloff 和 Sacks(1973) 将这样的"话轮对"称为"相邻对(adjacency pair)"②。Sacks 是这样描述"相邻对"的：口语交谈中，甲向乙发话，乙对此作出反应，两者的话语构成一对意义上关联着的语列，其中甲的话语为"始发语"(也有人称为"引发语")；乙的话语为"应答语"。③ 本书所讨论的"应答语"是指"相邻对"中的第二部分。同意应答语即指"同意相邻对"④中的第二部分。

在笔者所搜集的国内外文献资料范围内，没有专门针对汉语"同意"应答语的研究。学界已有的相关研究主要集中在三个方面：第一方面是对"应答语"的研究；第二方面是对"拒绝"应答语的研究；第三方面是与"应答语"有制约关系的"引发语"所对应的言语行为的研究。

---

① 左思民(2000). 汉语语用学[M]. 郑州：河南人民出版社.

② Schegloff, E. A. & H. Sacks. (1973). Opening up Closings[J]. Semiotics, (8/4). pp. 289-327.

③ 转引自匡小荣(2006). 口语交谈中的基本运用单位[J]. 汉语学习, (2).

④ "同意相邻对"概念参见张治(2009).

一、对"应答语"的研究

(一)国内相关研究

与"应答语"研究相关的成果,主要集中在问答的答问研究、对话的答语研究、篇章衔接方面的话段应对衔接研究,总体研究轨迹是由"答问研究"向"答语研究"逐步推进的。

1. 答问研究

(1)传统语法研究对"答问"的研究,处于疑问句研究的附属地位

在传统语法研究中,对答语的研究主要以句子为单位,对答语的研究和疑问句的研究密切相关,处于疑问句研究的附属地位。这一阶段研究带有很强的以疑问句为中心的色彩,我们将其称为"答问"研究。

20世纪80年代以前对现代汉语问答语中的应答语研究很少,也比较粗疏。一些学者在进行语法研究的过程中,出于研究疑问句的需要顺带对某些疑问句应答语的特点进行了简单的论述,研究成果分散于各种语法著作中。

赵元任(1968)最早将答话与问话分开研究,他把句子分为零句和整句,他认为零句多作疑问句答话,整句的主语作为问,谓语作为答。王力(1985)在《中国现代语法》中提出"问语与答语的关系"。朱德熙(1982)也是在讨论是非问、特指问、选择问句时,介绍了回答方式的不同。黄伯荣、廖序东(1991)则是在讲述是非问、特指问、选择问和正反问四类疑问句时,简单谈到了答复的情况。

疑问句讨论的热潮让人们在试图建立疑问句系统的同时,开始注意到答语应对疑问句疑问点的问题,即"疑问点与答问的研究":如林裕文(1985)讨论了几种疑问句的疑问点及其与答语之间的关系,答句需针对疑问点来进行肯定或否定的应对;是非问句的疑问点可以通过重音来突出。吕叔湘(1985)探讨疑问格式时,也注意到答语要针对疑问点进行应对。

金立鑫(1984)认为"在特殊疑问句的对答中，答句除了省略形式，在结构上受问句的严格制约"。张伯江(1997)的《疑问句功能琐议》指出疑问句有不同的疑问域(相当于疑问焦点，但又不同于疑问焦点)，"疑问域的不同反映了期待信息的不同"，"疑问域小的疑问句所需要的答案信息量小，往往标志着一个话轮的结束；疑问域大的问句所需要的答案信息量大，常常标志着一个新的话轮的诱导"。这从另一个角度说明了答句和问句的密切相关。

邵敬敏(1996)系统深入地探讨了各种类型的疑问句在句法、语义、语用上的具体特点，这些疑问句特点的研究对现在引发语为问句的答语研究仍很有启发，一改以前"答语如何为问句服务"的思路，较早地从"问句如何引出应答语"的方向进行思考，虽然出发点仍是为了研究疑问句的特征，但这种思维方向却为以后的"答语"研究提供了新思路。他指出反问句并非如以前学界所以为的那样不需或不必作答，大量的语言事实表明反问句往往可以作答，问话人心中无疑，但主观上要求听话者赞同自己的看法，该书专门探讨了"反问句的答语系统"，虽名为对答语的系统研究，但研究的重心和落脚点仍在归纳疑问句特点上，目的是希望通过问句对答语的制约关系(反问句要求对方的回答与自己的看法保持一致)，得出"反问句是一种对答语导向性十分明显的问句"的结论。当然，他较早地开始对反问句答语进行分类，将反问句的答语分为自问他答和自问自答两大系列。自问他答系列中又分为"一致性答语"、"释因性答语"、"推论性答语"、"申辩性答语"和"反驳性答语"五种。他所提到的"一致性答语"、"释因性答语"和部分"推论性答语"正属于本书所研究的"同意"答语范围之内。他较早地注意到答语的形式与问句形式之间的联系：在反问句的"一致性答语"中，完全同意发问者的实际看法，反问句的形式为肯定(以肯定的形式表达否定的意义)时，答句则用否定形式；反问句形式为否定(以否定的形式表达肯定的意义)时，答句形式则为肯定。

这一阶段的研究是在研究疑问句的同时，附带着用传统的研究方法进行答语研究，总体显得比较零散、未成系统。虽尝试建立"答语"系统，但是囿于研究范围的局限，这一系统的建立还未真正起步。

（2）引入国外语用学会话分析研究方法对"答问"的研究

随着国外语用学理论的引入，国内学者开始把会话分析的一些理论方法引入汉语问答研究中来，将"问答"作为整体放入会话中考虑，答语逐渐摆脱了作为问句的附属，成为独立的研究对象。

首先，研究者们具体探讨了答语的分类问题。吕明臣（1988）从意义上对问句答语的类型进行了归纳。李悦娥（1998）认为特定场合做什么回答通常和问题的类型、交际双方的关系以及交际目的密切相关，并从功能上将回答分为三类：第一类是肯定的接受型或要求型——是较受欢迎的反应；第二类是推延性回答——是不太受欢迎的反应；第三类是拒绝或表示怀疑——这是最不受欢迎的反应，不过此分类主要是对英语言语交际的研究。侯国金（2006）从答句的标记性入手，对以问句形式出现的答语进行分析，指出问者对问题的信疑度有高有低，分析了回声问和反问充当答问的情形，这是利用关联理论及标记理论进行的初步尝试。

还有一些学者将问句和答语作为一个整体，借鉴会话分析理论，将"问答"放在会话中考虑，试图在宏观上建立"问答"系统。如易洪川（1992）称其为"问答对"，明确分为七类，并进一步分析了"引发语"对"应对语"的限制，还注意到区分直接言语行为和间接言语行为对"问答对"区分的重要性。郑远汉（2003）称其为由问语和答语构成的"问对结构"，将其与独白式的篇章作比较，认识到会话中常常有"问对"，"问对"不同于围绕一个中心轮流陈述的那种交谈，"问对结构"有其自身的交际任务和构成特点，有必要加以考察。从朱晓亚（1995，1996，2001）开始，问句的"答语"研究开始日趋系统化，朱晓亚吸取前人关于问答之间制约关系和"问答整体"的研究思路，在系统论、信息论、控制论的启发下，把答语划分为常规性和非常规性两类，并从语义入手，对二者的简单答语进行了详细分析，初步建立了比较完备的现代汉语问答关系为基点的结构模式系统并建立起了以答句为出发点的语义类型系统。

这个阶段的学者们的"答句"研究都不同程度地肯定了引发语对答语的制约和影响，部分指明了引发语和答语的互动关系。把问语和答语看成一个制约与反制约的有机整体，从宏观上建立了问答的结构模式系统和语义类型系统，分别考察了问答系统中问语和答语的形式特点，以及问语和答语的语义匹配关系。

何自然、冉永平（2001）从功能入手研究了提问和回答之间的不完全是——对应的关系，指出了"不同的问题可能存在相同的答案，同一个问题可能也会有不同的答案"的事实。他们发现反问句的答句分为两大类：针对反问句表层的答句和针对反问句深层的答句，因为"反问句表层是一个问句，深层表达的是说话人的主观态度，答句可分别或同时针对表层或深层来回答"。

总体而言，这一阶段的研究虽已称为"答句"研究，但由于这些答句仍只限于反问句和一般疑问句的答句，所以实质上看仍停留在先前的"答问"研究阶段。研究者们研究的出发点虽各有不同，但是都侧重于对问答结构进行分类，不足在于对问答结构是如何发挥其功用、其运行机制到底是怎样的，没有很好地说明和阐释。

这些研究为以后向"答语"研究过渡奠定了很好的基础。正如尹世超（2004a）提到的："与疑问句的研究相比，答句的研究还较为薄弱。一问一答，问句重要，答句也重要。研究答句不仅有其自身价值，还有助于对疑问句等有关问题深入探讨。"这更印证了"答问"研究仍停留在问句研究阶段，不管是"问答对"，还是"问对结构"，其引发语都只限于问句，没有考虑到其他句类的引发语。

其次，研究者们从微观上探讨了答语。尹世超（2004b）也将问句和答句作为整体，结合"疑问焦点"，"根据句子的功能或者说句子和句子之间的语义语用关系"对答语进行了分类，得出疑问焦点否定答句、非疑问焦点否定答句、疑问焦点非疑问焦点双否定答句等答语类型，他还注意到答句的肯定、否定形式的功能，认为答句不是"对事物作出肯定或否定的判断"，而是"在语义或与语用上对问句作出肯定或否定的回答"。

值得注意的是，这一时期一些学者还注意到了能引出答语的问句应当具备的限制条件。郭锐(2000)从"吗"问句内部复杂的语义类型出发，对"吗"问句及答语作了考察，发现"吗"问句的确信度和引发出的答语有密切关系：高确信度可以用"对"作答语，中确信度不能用"对"作答语；而低确信度有时可以用"对"作答语，而确信度又受到焦点位置、谓语的极性、语境、知识等语用因素的制约。这些研究将答句对问句的制约关系具体化，对我们的研究很有启发。

这一阶段的研究将"问答"作为整体放入会话中考察，对"答语"的研究进一步细化和深入，并开始有意识地建立"答语"系统，不足在于答语的引发语仍只限于疑问句，基本上还是宏观静态的研究，主要研究应答语的常规形态(即直接式应答)，而较少涉及非理想状态(即间接式应答)。朱晓亚(2001)的分类虽借用了语用学的相关理论作了形式上的分类，考虑到了形式和意义的结合，但没有深入到言语的应用层面(即语用层)。

2. 答语研究

随着合作原则、礼貌原则、言语行为理论以及会话分析理论的提出和深化，一些学者对应答语的研究开始借用这些理论，对问答结构的功能及语用机制进行相对深层的分析，并尝试从语用及会话分析角度专门对应答语进行分析，虽以英语语言为对象，但对汉语研究也有一定的参考价值。

(1)从篇章或话段的衔接角度研究"答语"

在将"问答"放入会话的"答问"研究过程中，研究者们逐渐发现除了疑问句，其他句类如陈述句、祈使句等也都可以通过"应对"的方式引出"答语"，这一发现进一步扩展了"答语"的研究范围，加深了人们对"答语"的认识。

　　人们在研究过程中发现，应答者表明态度和话段衔接是同时进行的：在对话中，应答者对发话者的话表示肯定或否定，一方面是表明态度的需要，另一方面也是话段衔接的需要。大多数情况下，应答者在听到别人讲述某件事情或表达某种观点时，在表明对对方话语的态度之后，还要补充说明自己的某种看法，或者将要采取的行动。这时，经常会使用既表应答又有引导作用的衔接成分来接续后面的话，这些衔接手段和应对方式经常出现在答语中，因此"答语"研究有必要与话段衔接、应对联系起来。

　　国内的篇章衔接研究起步较晚，20世纪80年代篇章语言学传入，篇章问题的研究才逐步展开。对衔接的研究首先从书面语的篇章开始，廖秋忠（1986）第一次系统考察了汉语书面语的篇章连接成分。他将汉语的篇章连接成分分为时间关系连接成分、逻辑关系连接成分两大类，时间关系连接成分又分为序列时间、先后时间两个次类，逻辑关系连接成分又分为顺接、逆接、转接三个次类，各次类都包含若干个更小的类。郑贵友（2002）也主要以书面语为研究对象，将汉语篇章的衔接方式分为指称关系、省略与替代、连接、词汇衔接、结构衔接、音律衔接、"拼合"与"岔断"七种类型，其中连接的方式又分为四大类——并列、因果、逆转、顺序，并列举分析了各类起连接作用的词语及其运用。笔者从对实际语料的调查中发现，"同意"应答语的表现手段很多采用了篇章衔接的手段，比如"指称关系"，在"同意"应答语中就经常出现指代词"这、那"指称上文，将交际双方的话衔接在一起（黄国文，1988 郑贵友，2002）；又如"词汇衔接"，可用同形重复、异形重复表示同意；又如"因果"连接，"所以"等都可用在答语中表示同意。目前对话段衔接成分有比较深度的考察，多半属于对个别衔接成分的微观研究。

　　近年来，随着口语研究在对外汉语教学中的不断深入，人们的注意力已开始从书面语的篇章衔接成分向口语的衔接成分转移。郑贵友（2002）等已在这方面作出了有益的探索。在汉语对话中，不少衔接性短语有熟语性的倾向，常作为整体起组织谈话的作用。留学生对这些衔接性短语的学习，有助于帮助他们掌握汉语表达"同意"态度的应答手段。周利芳（2005）讨论了书面语和口语中的篇章连接成分的共性和个性，并以廖秋忠（1986）、郑贵友（2002）的分类作为基础和参照，结合口语会话中语气的表达，将口语中的话段衔接成分分为肯定与否定、因果、承接、逆转四类，并具体描写、讨论了其中的肯定、否定成分的语用意义和衔接功能。

虽然本书的研究与"话段衔接"相关，但就目前国内汉语学界的研究看，可以给予汉语"同意"应答研究的借鉴很有限。国内英语学界倒是有一些关于"语篇衔接"的研究和汉语"同意"应答语的某些手段有关：比如"重复衔接手段"（李悦娥，2000）；"语法衔接手段"（鞠玉梅，1999）；还有从宏观上介绍语篇衔接理论的（胡壮麟，1994），不足是文章中多半列举的是英语例句，相比汉语研究，例句有限，也不能给予我们更多的借鉴。

（2）从"应对"、"反馈"的角度研究"答语"

比较早地谈到"应对句"的概念是从吕明臣（1992）开始的，他认为"应对句"是指向言语交际过程中某种关系的语句，关系的不同决定应对句具有不同的功能。应对句有两大功能类：应酬功能和话语功能。各大类下又细分为若干种小功能，如作者将"可不是"不是单纯表示肯定，而是作为一类起"信道功能"的应对句，主要表明听话者在听发话者讲话，使得交际持续下去；将"是，是，是"、"行"等看作起"应允功能"的应对句，正如吕明臣（2000）所说："应对句作为一种比较活跃的句子类别，所能完成的功能很多。各种功能的界线不一定泾渭分明。其同一形式可能在不同话语中休现出不同的功能，也可能在同一话语中体现不同的功能，如'是的'可以在同一话语中同时表示话语接续、对话题的确认、对话语的认可等多种功能。"但实际上，作者对"应对句"的概念及其功能的界定仍比较模糊。之后，于聂（2007）在自己的研究中，也提到了汉语会话过程中的肯定性"应对"，作者所说的"应对"实际上就是在相邻对中对引发语表示肯定的应答语，正是因为作者看到了引发语的形式不仅限于疑问句，而是多种多样的，才将研究对象称作"应对"，而非"应答"。由此也进一步证明了对相邻对第二部分的研究的确已经进入了"答语"阶段。

另外，相邻对中对引发语的应答或应对都属于对发话人的一种反馈，所以学界还有一些关于"反馈语"的研究：如对汉语反馈语的研究（吴平，2000；2001）；对英语反馈语的研究（何安平，1998）；笔者研究的汉语"同意"应答语表现手段之一的"独词句"与"应对句"和"汉语反馈语"有一些交叉现象。在笔者所掌握的文献中，人们对"应对"、"反馈"、"应答"的概念内涵并没有达成一致的共识。

李永华（2008）讨论了引发语为三种问句的应答语，这三种问句分别是：特指式疑问句、是非式疑问句、选择式疑问句。每种问句的应答语按照肯定和否定分为两大类，每一类下面又分为直接肯定、直接否定、间接肯定、间接否定四大类。虽然特指式疑问句理论上存在多种可能的应答语，但日常交际过程中这些应答语出现频率是不一样的，相比较而言，直接式应答语中肯定回答占的比例比否定回答的比例高得多。①

二、对"拒绝"应答语的研究

Levinson，S. C 和黄衍虽然都指出了会话中相邻对应答语所具有的多种可能性，具有开创性的意义，但只是对应答语做了简单介绍和说明，尚未深入到应答语的内部，对应答语的形成机制和功用也没有做很好的说明，而且主要是以英语为主要研究对象，并未涉及汉语言语交际过程中的应答语。

李永华（2008）认为"哦"等话语标记的作用在于标示信息状态的改变，为受话人接受新信息并将其融入已有知识基础留下缓冲的时间，同

---

① 李永华（2008）. 汉语会话之应答语研究［D］. 暨南大学.

时为合理回答问题赢得时间。①

会话分析理论中，"相邻对"有这样一个特点，就是与第一部分配对的第二部分常常不止一个，可能有若干个，这几个第二部分说出的地位存在着"选择等级"：有的是合意的（perferred），有的是不合意的（dispreferred）。黄衍（1987）在 Levinson，S. C（1983）研究的基础上提出了"可取组织"的范畴，认为作为回答语的第二部分出现的重要性是不一样的：有些出现的可能性小，有些出现的可能性大。可能出现的第二部分组成一个可取性级阶（rank），在这个级阶的两个终端，分别是"可取的"第二部分和"不可取的"第二部分，但是他的研究主要是对英语"自谦"和"赞扬"的"可取"组织进行的尝试性分析。

合意回应和不合意回应虽然同是相邻对的第二部分，但形式上却存在显著不同：合意的应答是无标记的，一般很快地发出，结构简单单一；不合意的应答是有标记的，形式复杂多样。比如听话人对请求的回应有两种选择：一是答应，二是拒绝。答应是合意回答，拒绝是不合意回答。同理，对于一个需要表态的引发语来说，同意是合意回答，反对是不合意回答。也许正是这个原因，在与"同意"应答语相关的研究中，学界大部分的注意力都集中在英汉"拒绝"应答。

正如 Leech（1983）所预料的："交际行为的跨语言比较是一个非常诱人的领域，许多研究还有待于去做。"在英汉"拒绝"应答研究中，人们对"拒绝"交际行为作了大量的英汉对比研究，主要包括"拒绝"言语行为策略、"拒绝"言语行为模式、"拒绝"言语行为的习得、"拒绝"言语行为与社会因素四个方面：（1）"拒绝"言语行为策略研究中包括"拒绝"策略的对比研究（属于跨文化语用研究中的对比语用研究），既有不同语言在拒绝策略上"求同"的共性研究，如马月兰（2000）；也有"存异"的比较研究，如马月兰（1998）；既有直接拒绝行为研究，如徐晓燕、夏伟蓉（2003）；也有间接拒绝行为研究，如唐玲（2004）；既有深

---

① 李永华（2008）．汉语会话之应答语研究［D］．暨南大学．

层策略研究，也有表层策略研究，如马月兰（1999），王爱华、吴贵凉（2005）；（2）"拒绝"言语行为模式研究，如王爱华（2001）；其中包括只针对汉语的拒绝言语行为模式，如东平（1999）、吴建设（2003）；（3）外国学生在中介语中对"拒绝"言语行为的习得研究，如唐玲（2004a），王芙蓉、刘振平（2006）；（4）社会因素对"拒绝"言语行为的影响，如王爱华、吴贵凉（2004）将拒绝行为分为"直接拒绝"和"间接拒绝"，介绍了委婉表达"拒绝"的具体方式，对拒绝言语行为策略进行了简单分类和描述，介绍了拒绝策略在语篇表层的构成和在深层实现的具体实现方式，发现拒绝言语行为具有一定的普遍性和文化差异，间接拒绝言语行为在两种语言中都是首选，但是中国人比美国人更间接，跨文化差异只是一个度（gradient）的问题，阐释了拒绝策略在选择时具备哪些决定因素（如社会距离、社会权力、行为的难易程度）。极少的论文在讨论"拒绝"过程中附带谈到了"同意"，如 Felix-Brasdefer，Julio Cesar（2002），绝大部分研究"拒绝"的文献集中在中介语语用（即语际语用学）研究领域，这与笔者对"同意"研究限定在目的语范围内是不同的。

三、与"引发语"所对应的言语行为的研究

应答语虽然存在多样性，但是什么样的应答语由什么样的引发语引出仍遵循一定规律的，因此应答语的研究离不开引发语的研究。在对引发语和应答语的表述上，于聂（2007）曾描述为"肯定性应对"①，是从形式出发考虑的；而笔者认为外国学生在言语交际中需要表态时，是从意义到形式的，即在组织话语表达之前，脑海中存在的是一个意图，也就是语用意义或者说希望实现的言语行为，再在目的语中寻找合适、得体的语言形式把这个意图表达出来。从语用意义出发去表述引发语和

————————

　　① 于聂（2007）. 汉语会话过程中的肯定性应对研究［D］. 北京：北京语言大学.

应答语显得更合理，如用"同意"比用"肯定"更能避免形式和意义的混淆。而语用意义和引发语或应答语所传递的言语行为又常常对应，这样同意应答语的研究就自然而然地与一些"言语行为功能研究"联系起来。

在我们掌握的文献中，与"同意"应答语的引发语相关的"言语行为或言语行为研究"包括对"请求"（张绍杰、王晓彤，1997）、"建议"（丁安琪，2001）、"赞扬"（李悦娥、冯江鸿，2000；冯江鸿，2003）、"不满"（赖毅生，2004）、"使役性言语行为"（李军，1998a；1998b）、"邀请"（李敬科，2006；刘自强，2007）、"恭维"（方瑞芬，2008；孙新爱，2007；孙智慧，2006）、"道歉"（罗朝晖，2004；潘小燕，2004；钱乐奕，2005；王燕，2006）等言语行为有益的探索与研究，对笔者研究"同意应答语"的引发语，能起到一定的借鉴作用，不足之处在于不少文章大多采用问卷调查的方式分析汉语中某种具体的言语行为，这样得出的问卷对话，说话人常常带有很强的刻意性，不如生活会话或小说、剧本中人物的对话来得生动、自然。

就笔者所掌握的文献，关于"同意"应答语，国外也未见专门研究，对于英语"拒绝"言语行为的研究成果也颇丰，主要是从礼貌原则和言语行为理论角度进行讨论，采用两种或三种语言"拒绝"言语行为表现方式的对比。

综上所述，在笔者所搜集的国内外文献资料范围内，没有专门针对汉语"同意"应答语的研究。学界已有的相关研究主要集中在三方面：第一方面是对"应答语"的研究，经历了从"答问"研究向"答语"研究推进的轨迹，"答问"研究一直附属于疑问句研究，"答语"研究则包括两个角度：（1）从篇章或话段的衔接角度，（2）从"应对"、"反馈"的角度；第二方面是对"拒绝"应答语的研究；第三方面是与"应答语"有制约关系的"引发语"所对应的言语行为的研究。

"答语作为问答结构不容忽视的重要组成部分，和问有着密切的关系，问语虽然对答语有制约，但是在问话规定的范围内，答话人是如何选择合适的回答方式来完成交际的，不同问语的回答方式有何不同或相同的地方，这些问题都需要进一步研究。"①本书拟从这些方面入手，对同意应答语进行会话分析。

---

① 李永华(2008). 汉语会话之应答语研究[D]. 暨南大学. 第 1 页.

第二章　"同意"相邻对

各种语言中的"态度表达"，最基本的莫过于"同意态度"和"反对态度"。《现代汉语词典》①中"同意"的解释为："对某种主张表示相同的意见；赞成；准许。"所用例句为："*我的意见你同意吗？*"本书所研究的"同意"是指在两人对话中，听话人对发话人所说的话语作出的同意应答。"反对"态度将另文分析。

第一节　"相邻对"

一、"相邻对"的概念与会话分析理论

20 世纪 60 年代末 70 年代初，作为语言学的一个新课题，"话语结构"发展十分迅速。在会话分析理论中，会话结构的最小单位是"话轮（turn）"，它指的是"一个说话者在会话过程中从开始说话起直到停止说话或者被别人打断、替代为止所说出的一席话"。②

三位美国社会学家 Sacks，Schegloff 和 Jefferson 在研究了大量口语素材的基础上首次提出了具有深远影响力的"话轮转换（turn-taking）"理

---

① 中国社会科学院语言研究所词典编辑室编（2005）. 现代汉语词典［M］. 北京：商务印书馆出版.

② 左思民（2000）. 汉语语用学［M］. 郑州：河南人民出版社.

论。他们认为一次会话至少包括发话人和听话人双方各自发出一个话轮。会话的参与者通过"话轮转换规律"交替发话,互相配合构成一篇连贯的会话。由不同的交际者各自所说的两个或两个以上话轮交替组合构成的结构叫"话轮对"。"话轮对"中话轮的位置可能是紧挨着的,也可能中间插入了其他话语。

　　人们发现位置紧邻的那些话轮对的上句和下句常固定地配对出现,语义也呈现出一定的联系。如一方进行问候,另一方也同样回以问候;一方提问,另一方给以回答,等等。Schegloff 和 Sacks(1973)最早将这样一些紧挨在一起的"话轮对"称为"相邻对(adjacency pair)"。① 如:

　　　　甲:你多大了?
　　　　乙:我5岁。

　　甲和乙所说的话分别为一个"话轮",合到一起构成一个"相邻对"。
　　会话分析十分关注人们在交谈中如何相互理解以及如何向对方表明自己的理解,"相邻对"能起到单独一个话轮所起不到的作用,因此它迅速发展成为会话分析学派剖析会话结构的关键概念和达到会话分析目的的理想方式,会话分析学派有关会话结构的描写几乎与"相邻对"有关。这一概念较完整地体现了会话分析学派独特的原则和方法,逐渐成为进入会话分析学派的"入场券"。
　　Levinson(1983)把"相邻对"定义为会话结构的基本单位,认为它包括两个谈话者作出的一次话轮转换②。Halliday 和 Hasan(1976)提出"衔接(cohesion)"的概念,认为"衔接"之所以能使一段话成为语篇,就在于衔接通过语法和词汇等手段,把结构上彼此毫无联系的句子黏着在

---

　　① Schegloff, E. A. & H. Sacks. (1973). Opening up Closings[J]. Semiotics, (8/4). pp. 289-327.

　　② Levinson, S. C. (1983). Pragmatics [M]. Cambridge University Press.

一起，并提出五大类衔接手段：照应/指称（reference）、替代/替换（substitution）、省略（ellipsis）、连接词语（conjunction）及词汇衔接（lexical cohesion）。Hasan 为了扩大"衔接"的范围，又增加了"结构性衔接"、"相邻配对（adjacency pair）"作为衔接手段。① 胡壮麟（1994）根据现有的话语分析理论，把可以起衔接作用的语篇结构因素归纳为以下四类：话轮（turn-taking）、邻近配对（adjacency pair）、行为等级序列和语篇的宏观结构（macro-structure）。② 可见，"相邻对"不仅是构成会话结构的基本单位，而且是获得语篇连贯的惯常用语（Scollon，1995）。

"相邻对"的本质及其在会话中的种种功能是国内外语言学家、社会学家多年来所致力研究的。Pomerantz（1984），Atkinson Drew（1979），Levinson（1983）的研究强有力地推动了"相邻对"这一概念的发展。国内学者如何兆熊（2000）、胡壮麟（1994）、黄国文（2001）也先后涉及了此领域并发表了相关的论述，如：

Sacks 这样描述"相邻对"：口语交谈中，甲向乙发话，乙对此作出反应，两者的话语构成一对意义上关联着的语列，其中甲的话语为"始发语"（也有人称为"引发语"）；乙的话语为"应答语"。③

何兆雄（1989）则将"相邻对"定义为"两个谈话者各说一次话所构成的对子：这两次讲话由谈话者相继所说，说话有一定先后次序，相互关联等"。④

另外，国内有些学者结合汉语的特点，采用"对答"（刘虹，2004）、"毗邻相关应对"（郭整风，2004）、"话组"（匡小荣，2006）等一些新概

① 张德禄、张爱杰（2006）. 情景语境与语篇的衔接与连贯[J]. 中国海洋大学学报（社会科学版），（1）.
② 胡壮麟（1994）. 语篇的衔接与连贯[M]. 上海：上海外语教育出版社.
③ 转引自匡小荣（2006）. 口语交谈中的基本运用单位[J]. 汉语学习，（2）.
④ 何兆熊（1989）. 语用学概要[M]. 上海：上海外语教育出版社.

念描述汉语中类似的语言现象。

无论采用哪种概念，研究者们都试图抓住"相邻对"在话轮数量、话轮位置、说话者等方面的突出特点，尤其是前后两话轮之间的联系，人们把这些概括为"相邻对"的特征。

二、界定"相邻对"的特征

(一)对"相邻对特征"的界定

早在 1978 年，Sacks 曾这样描述"相邻对"的特征：

　　(ⅰ) adjacent

　　(ⅱ) produced by different speakers

　　(ⅲ) ordered as a first part and a second part

　　(ⅳ) typed, so that a particular first part requires a particular second (or range of second parts) —e.g. offers require acceptance or rejections, greetings require greetings, and so on. ①

本书结合 Sacks 对"相邻对特征"的归纳，在国内一些学者(如刘虹，2004；刘运同，2007)对"相邻对特征"表述的基础上，将"相邻对"的特征综合表述如下：

　　(1)由两个话轮构成；每个话轮都表达一个言语行为；

　　(2)两个话轮相邻接；所表达的两个行为通常紧挨在一起；

　　(3)两个话轮各由不同的说话者发出；

　　(4)排列顺序是有规律的，先出现的是相邻对的第一部分，后出现的是第二部分；

---

① Levinson, S. C. (1983) Pragmatics [M]. Cambridge University Press.

(5)前后话轮之间具备"制约性相关"关系,即第一部分(前一话轮)所表达的言语行为关系到第二部分(后一话轮)的选择,第一部分的出现制约着第二部分的出现。

(二)应答语和引发语之间的制约性相关

从对"相邻对"特征的归纳可以看出,应答语并不像一般人想象的那样能随意说出,而必须受引发语的制约,否则就不会被接受;相邻对两部分之间的关系可以用"制约性相关(conditional relevance)"来描述,强调相邻对的第一部分出现之后,其第二部分的出现应该是相关的。尽管"相邻对"有时会被其他序列隔开,或由于其他话语序列的影响使得第二部分不出现,但"相邻对"的特性决定了,只要相邻对的第一部分出现了,不管被隔开多远,它对第二部分的预示力都依旧存在,理论上都要求和它相应的第二部分一同出现。

(三)语言中"相邻对"的种类

各种语言中到底存在多少种"相邻对",不少研究者曾做过一些研究,但收效甚微,概括性也有限,如 Richards, J. C 和 Schmidt, R. W(1983)在 Sacks, H. 等的研究基础上,曾列举出 8 种"相邻对"①:

(1)致意-致意;

(2)呼唤-回答;

(3)询问-回答;

(4)告别-告别;

(5)赞扬-接受/同意/否定/转题/回报;

(6)抱怨-道歉/否认/借口/争辩/质问;

---

① Richards, J. C. &Schmidt, R. W. (1983) Conversation alanalysis, In Richards, J. C. &Schmidt, R. W. (eds.) Language and communication pp. 117-154, Longman.

（7）提供-接受/拒绝；

（8）请求-应允/搪塞/质问/拒绝。

即使像刘虹（2004）①那样将汉语的"对答"归纳为15种类型（具体类型此处不详述）的方法也很难完整地概括汉语中存在的所有"相邻对"。"相邻对"的概念虽然是会话分析理论的概念，但对二语教学也有一定的帮助。我们可以通过归纳出汉语中比较常用的若干种"相邻对"，将其系统地、有目的地编入各种"相邻对"结构类型，使学生掌握该语言中各种引发语的不同应答方式，提高学习者的语言交际能力。

我们认为不必拘泥于穷尽性地找出汉语中到底一共有多少种"相邻对"，可取的做法是把那些与语用交际能力密切相关的言语行为所涉及的"相邻对"归纳出来为语言教学服务，如：同意相邻对、反对相邻对等。

引发语和应答语之间的"制约性相关"特征，让我们知道"同意"相邻对的数量是有限的。也就是说，我们对汉语"同意"应答语的研究范围可以控制在数量有限的相邻对中，如果我们的研究有所收获，外国留学生们只要牢记数量有限的若干类"同意"相邻对就可以顺利掌握汉语"同意"应答进行语用交际。这样不仅使我们的研究更易操作，而且大大降低了二语学习者以后的学习负担。

在与中国人对话时，一旦发话者说出某个"同意"相邻对的引发语，只要外国学生熟知"同意"相邻对，就能很敏感地意识到："发话者在要求我表态。"接着就可以根据自己的态度——"同意"亦或"反对"有选择地采用汉语中相应的语言形式作答。如果外国学生对汉语"同意"相邻对很陌生，不知道在听到哪些引发语的情况下需要表态，就不能及时作出反应，即使及时反应了，也无法选择适当形式，必然就会影响交际的顺畅进行。

---

① 刘虹（2004）．会话结构分析［M］．北京：北京大学出版社．

三、如何表述"相邻对"中的引发语和应答语

刘虹(2004)发现,在实际会话过程中,发话者发出一个始发语后,可能对应一个应答语,也可能对应若干个应答语,这些应答语都是合法的。始发语为建议,可以引出"同意"、"反对"、"搪塞"、"质疑"等应答语,如:

建议	甲:今天我们开个会吧。
——同意	乙:好。
——反对	乙:不行,今天我有事。
——搪塞	乙:今天我有点儿事,明天再说吧。
——质疑	乙:今天有空儿吗?

始发语为邀请,可以引出"接受"、"谢绝"、"搪塞"、"质疑"等应答语,如:

邀请	甲:春节去我们家吧。
——接受	乙:好啊。
——谢绝	乙:不去啦,太麻烦啦。
——搪塞	乙:到时候再说吧。
——质疑	乙:春节你不回老家了?

始发语为评价,可以引出"评论"、"补充"、"肯定"、"质疑"、"提问"、"否定"等应答语,如:

评论	甲:这个电影挺有意思。
——评论	乙:昨天的电影也不错。

——补充	乙：音乐也很美。
——肯定	乙：是不错。
——质疑	乙：有意思吗？
——提问	乙：是哪国的电影？
——否定	乙：我看不怎么样！

始发语为陈述，可以引出"陈述"、"补充"、"肯定"、"质疑"等应答语，如：

陈述	甲：他是日本人。
——陈述	乙：我不认识他。
——补充	乙：他是去年来留学的。
——肯定	乙：对，他是日本人。
——质疑	乙：是日本人吗？不是吧？
——确认	乙：日本人？
——提问	乙：他是什么时候来中国的？
——否定	乙：不是，他是韩国人。

从刘虹（2004）所列举的以上"相邻对"实例中，我们不难看出，研究者对引发语或应答语的命名大多凭语感，即对"相邻对"中引发语和应答语的表述没有统一的标准。比如人们很容易将肯定-否定，同意-反对这两对概念混在一起，就像朱德熙（1982）在研究是非问句时提到："是非问句可以用'是的'、'对'等回答，表示同意，也可以用'不是'、'不对'回答，表示否定。"这样让这两对概念的关系显得更加扑朔迷离，其实它们是属于不同视角的表述：从言语行为角度来表述，有"同意"、"反对"、"搪塞"、"质疑"；从语义角度来表述，有"肯定"、"否定"、"提问"，等等。

Halliday 和 Hasan(1976)曾谈到："从某种意义上来说，相邻对的构成是建立在话语表示的言语行为之间的衔接基础上的。"①相邻对的引发语和应答语之间之所以存在"制约性相关"：第一部分的出现之所以能预示第二部分的出现，是因为发话者在说出引发语后，对应答者的回应是有所期待的，这种期待在一定程度上反映了发话人的说话意图，这种说话意图是通过说话来实现的，② 应答者把自己对引发语的理解通过应答语传递给发话者，对于发话者的期待，应答者可以做出不同的选择，与引发语构成不同的相邻对，其中那些满足发话者期待的回应，叫做"顺应性回应"或"期待的第二部分"③(preferred second part)，本书研究的"同意"应答语就属于一种"顺应性回应"④；那些无视或不满足发话者期待的回应，叫做"反对性回应"或"不期待的第二部分"(dispreferred second part)，如一些"反对"应答语(见表 2-1)。由此，作者认为"同意"相邻对的引发语和应答语从言语行为角度来表述，更能体现"相邻对"的特征。

---

① Halliday, M. A. K & Hasan, R. Cohesion in English[M]. London：Longman, 1976. 他们提出了五种"非结构性衔接"：指称(reference)、替换(substitution)、省略(ellipsis)、连接(conjunction) 和词汇衔接(lexical cohesion)，后来 Hasan 又扩大了衔接的范围，增加了结构性衔接和相邻配对(adjacencypair) 作为衔接手段。

② 通过说话来实现说话意图或言外之力，在 Austin 的"言语行为理论"中被称为"以言行事"。

③ 比如在向别人提出请求或提议时，我们将面临几种可能：被接受，被拒绝，或持不明确态度等。其中被接受是说话人所希望得到的反应，我们称它为"期待的第二部分"(preferred second part)，其他的各种反应则不是说话人所希望得到的，我们称它们为"不期待的第二部分"(dispreferred second part)。"期待的"和"不期待的"社会行为基于心理上的考虑，同时，在语言表现形式上也存在着差别。"期待的第二部分"相对来说语言结构比较简单，属于无标记(unmarked)，而"不期待的第二部分"属于有标记(marked)，因而，句法结构非常复杂(Levinson，1983)。

④ 刘运同(2000)在研究回应提问的方式和规律时，提到反应者对提问的期待所做的不同的选择，满足提问者的期待所作的回应叫"顺应性回应"，无视发问者的期待，不满足发问者的期待所作的回应叫"反对性回应"。

表 2-1 　　　　　　期待的第二部分和不期待的第二部分

First part	Second part	
	Preferred	Dispreferred
Assessment		
	agree	disagree
Invitartion	accept	refuse
Offer	accept	decline
Proposal	agree	disagree
Request	accept	refuse

（转引自袁秀凤，2004）

第二节 "同意"相邻对中的引发语应满足的条件

一、语义条件——确信度

"同意"相邻对的引发语和应答语之间存在"制约性相关"联系，那么，能引出"同意"应答语的引发语到底应该满足什么条件呢？不妨先看下面三个例子：

[4]"酱油要不要？醋要不要？"我往篮子里装瓶子，一件件挨个问。

[5]女：我们今天还复习课文吗？

[6]我接过她递给我的杯子，一边喝水一边往窗下面看，看到那姑娘和一个身材魁梧的飞行员从庭院走过。"那是她男朋友吗？"

阿眉挨着我，伸长脖子往下看了一眼："嗯，长得怎么样？"她扭头问我。（王朔《空中小姐》）

很明显，这些引发语都没能引出"同意"态度的应答语，但如果我们试着对例[4]~[6]的引发语稍加修改，就可引出表示"同意"态度的应答语。请看：

[4'] "酱油要吧？醋要吧？"我往篮子里装瓶子，一件件挨个问。

"都要，厨房里该有的都要。"于晶认真说。

（王朔《浮出海面》）

[5'] 女：我们今天还复习课文吧？

男：今天不复习哪天复习啊！

[6'] 我接过她递给我的杯子，一边喝水一边往窗下面看，看到那姑娘和一个身材魁梧的飞行员从庭院走过。"那是她男朋友吧？"

阿眉挨着我，伸长脖子往下看了一眼："嗯，长得怎么样？"她扭头问我。（王朔《空中小姐》）

两相对比，差别在于例[4]~[6]用的是反复问句（也称正反问句）和带"吗"的是非问句，而例[4']~[6']用的是带"吧"的是非问句。二者在"信"与"疑"的比率上有差异：带"吧"的是非问句的"信度"明显高于前两种问句，而前两种问句的"疑度"则明显高于带"吧"的是非问句。"信与疑，是两种互为消长的因素，信增一分，疑就减一分；反之，疑增一分，信就减一分。"确信度与疑问程度是相关的，确信度越高，疑问程度越低，反之同理。确信度和韵律特征之间有一定的关系：当确信度为1时，说话人对问句已有肯定的答案，不需要回答，如常晨练的两个人遇到了，一个问"来啦？"就不需要再做回答，这是中国人见面打招呼的一种方式，目的不在于询问，而是出于礼貌的需要。当确信度为0时，即对所问之事持否定的态度，说话人对问句已有否定的答案，无需听话人回答，如反问句。

可见，"信度"与"疑度"是相对而言的①。关于各句类的"信"与"疑"的问题，赵聪（2006）认为："是非问句能否用'是'回答与确信度有关。"吴振国（1990）认为："能否用'是的'回答，主要取决于问句中是否带某种倾向。是非问句往往带有某种倾向，但不尽然，因此并非总是能用'是的'回答。"

我们来看看确信度的分级排列：$C = 1$，属于完全相信＝全确信度；$C = 0.75$，属于有所猜测＝高确信度（〔1〕当问句中含有焦点标记"是、连"或聚焦成分"就、才"等时，句子也是高确信度的。〔2〕高确信度的"吧"问句：胡明扬指出，"吧"是表态语气助词，赋予说话内容以不肯定的语气。以语气词"吧"结尾的是非问句多带有说话人的主观猜测，一般对事、对人、对物都有所了解才会用"吧"问句进行提问；$C = 0.5$，属于无所猜测＝中确信度（一般的"吗"问句）；$C = 0.25$，属于抱有怀疑＝低确信度（"难道"类"吗"问句）；$C = 0$，属于否定态度＝零确信度。

参看了郭锐（2000）说话人对问句的命题部分相信为真的程度及邵敬敏（1996）、袁毓林（1993）、刘运同（2000）等学者的研究之后，作者将汉语各种句类、它们各自对应的语用意义以及它们各自的"信度"的升降关系归纳出来，在表2-2中列出：

从表2-2中，我们可以得出以下结论：

（1）不同句类的"信"度从上往下递增，从询问到观点，疑度逐渐降低，而信度逐渐升高。

（2）我们可以看出哪些句类理论上具备引出"同意"应答语的资格：首先排除掉了特指问和疑度很高的"无倾向'吗'问句"。还列出了能充当"同意相邻对"引发语的言语行为到底对应了哪些句类。

（3）列出各句类"直接规约言语行为"（即高频言语行为角色），但实际言语交际中，不少句类还可能行使一些"间接规约言语行为"（即相对低频言语行为角色），能对应间接言语行为的句类在该表中已用＊号标出了。

----

① 邵敬敏（1996）. 现代汉语疑问句研究［M］. 上海：华东师范大学出版社.

表 2-2 　　　　　　　　　　汉语句类与信度

		典型的语用意义	句　类		例　句
疑 ↓ 信	可充当"同意"相邻对的引发语	询　问	特指问句		他是谁？
			无标记"吗"问句（无倾向性）		他是学生吗？
			选择问、正反问、		酱油要不要？
		猜　测	无标记"吗"问句（有倾向性）		你生病了吗？
			有标记"吗"问句		小王没去上海吗？
			"是不是"问句		您是不是觉着清醒多了？
			"吧"问句		他是学生吧？
			陈述疑问句		他是学生？
			附加疑问句		你走了十年，对不对？
		观点	疑问句的反问用法①	是非问	我是那人吗？
					这不是笑话吗？
				特指问	我们人的缺陷、毛病谁能学得了？
			陈述句		他是学生。
					你们看，他的耳朵会动。
					我觉得很有趣。
		评价	感叹句		多好啊，多美啊
		请求、命令建议、邀请	祈使句		主席，跟我们一起合个影吧。
					去，跟双双说，……
					甭跟孩子置气。
					来，尝尝我做的家乡菜。

① 邵敬敏(1996)谈到"反问句的类型及其特点"时提到"任何疑问句式，都可以构成反问用法"。

二、句类条件

1. 观点：可以用陈述句、感叹句、反问句。

2. 猜测：可以用陈述疑问句；也可以用有倾向性的"吗"问句、"啦"问句、"呢"问句、"吧"问句、"啊"问句；还可以用陈述句、反问句。

3. 请求：主要用祈使句，也可以用陈述句、带能愿动词的问句、正反问句、附加问句。

4. 命令：主要用祈使句。

5. 建议：主要用祈使句，也可以用陈述句、"是不是"问句、"吧"字问句、反问句。

6. 邀请：主要是用祈使句；也可以用陈述句、"吗"问句、反问句。

7. 要求、提供、道歉：主要用陈述句。

具体而言，情况如下：

第一，确信度高的句类，一般都具备引出同意或反对应答语的资格，如：

(1)陈述句、感叹句陈述发话者的观点或评价，自然存在一定的"信度"。

(2)反问句"有疑问之形而无疑问之实"，虽采用问句形式，但发话人心目中已经有了明确的看法，答案几乎在问句之中，没有什么疑惑的因素，即信1疑0。可以表示发话者的观点，也存在一定的"信度"；祈使句是发话者用话语让听话者有所行动。

(3)吕叔湘按疑问程度把疑问语气分为三类：询问、反诘、测度。疑问句中能引出同意的反诘问句和猜度问句都属于"信度"高的问句。反诘和测度的问句作引发语都可以引出"同意"应答语，尤其是疑问句的反问用法，反问句不同于真性问的一个区别性特点在于："反问句发问之意不在问，不求答，它以问句形式'给予'，表明自己的观点态度，因此反问句前后通常有前接句和后续句。"①

第二，确信度低的句类，不一定不能引出同意或反对态度的应答语。

比如正反问句在多数情况下表达"询问"，不能引出同意应答，但是有些情况下也可以行使"邀请"、"请求"、"建议"等言语行为，可具备引出同意应答语的资格。

我们掌握的引发语语料显示，"一个句类，对应多个言语行为"的情况在同意相邻对中，至少出现在以下4个句类中：正反问句、"是不是"问句、陈述句和反问句。

（1）正反问句：受会话合作原则的礼貌、委婉的规则影响，正反问句除了直接表示询问，还可间接表示邀请、请求、建议，如：

[7]你愿不愿意到我的餐厅去掌勺啊？（表邀请）

[8]可不可以给我留下你的电话？"（表请求）

[9]"没问题，一人一斤炒疙瘩够不够？""让厨子多搁点盐差不多。"（表建议）

（2）"是不是"问句：除了可直接表示典型的"猜测"，还可通过变换主语人称间接表示建议，如"咱们是不是把合同签了？"就属于"是不是"问句间接表示建议。

（3）陈述句：除了可直接表示典型的"陈述观点"的功能外，在采访体对话中常被用来间接表示猜测；邵敬敏（1996）将这种"心中有疑惑但不作出询问，而用陈述形式来传递疑惑信息的句子"称为"估测性陈述句"②；刘虹（2004）则将这种陈述看做一种隐性的询问③。

① 陈妹金（1994）．求取与给予：疑问句的功能类型研究[J]．语法研究与语法应用，邵敬敏主编，北京语言学院出版社．

② 邵敬敏（1996）．现代汉语疑问句研究[M]．上海：华东师范大学出版社．

③ 刘虹（2004）．会话结构分析[M]．北京：北京大学出版社．

[10]曹：整个工作的过程，<u>给你带来愉悦的享受</u>。

张：对，<u>是享受</u>，我觉得。①

(4)疑问句的反问用法：除了典型的"陈述主观性观点"的功能外，与其他三种比，疑问句的反问用法能间接表示的言语行为最多。邵敬敏(1996)提到的6种反问句的语用意义：(强级——责怪、反驳；中级——催促、提醒；弱级——困惑、申辩)在疑问句的反问用法所能表达的间接言语行为中都有所反映，如：例[11]表达"责怪"的主观性观点；例[13]带有"反驳"语气的要求；例[14]是因"困惑"而起的猜测；例[15]带有"提醒"意味的建议，等等。

反问句表达主观性观点，如：

[11]甲：<u>怎么能只怪我一个人呢？</u>

乙：<u>好，好，</u>我也有错，咱们谁也别说谁了，行吧？

反问句表达请求，如：

[12](女2)：<u>你为什么让我？！</u>

(男)：好，我不让你了，咱再下一盘！

例[12]中"你为什么让我？！"实际上表达的是发话者"你不该让我"的埋怨。

反问句表达要求，如：

[13]九爷说："我歇歇腿就走。羊又不占个座位，<u>怎么不能进？</u>"

---

① 可凡倾听，可凡倾听栏目组，上海社会科学出版社，2005.

柜台上坐着位少掌柜，是个新生牛犊，就说："<u>牵羊也行，羊也收一份茶钱！</u>"（邓友梅《那五》）

例[13]"怎么不能进"本来是表示观点"没有理由不能进，应该可以进"，但这里表达的是九爷坚持的一个要求："我还是要牵羊进来。"

反问句表达猜测，如：

[14]"难道要来行刺吗？"

"没错，我是要行刺！

反问句表达建议，如：

[15]这么一个难得的机会你们不珍惜么？

"<u>好好，我们这就回去。</u>"（王朔《你不是一个俗人》）

反问句表达邀请，如：

[16]"您不想再去看看吗？"曲强问分局长。

分局长"啊"了一声："<u>我去当然也可以，那我们就再去一趟。</u>"（王朔《人莫予毒》）

可见，句类与言语行为的关系不是一一对应的，因此很难仅用"信度"来概括同意相邻对中引发语需满足的条件。本书采用折中的方法将"同意"相邻对中引发语需满足的条件归纳为："引发语本身包含了发话者对某项命题有所肯定、有所猜测或者对应答者的反应有所期待。"①满

---

① 刘运同将其称为"提问者的期待"，引自刘运同（2000）. 回应提问的方式和规律[D]. 上海：上海外国语大学.

足了这些条件，相邻对中的引发语才可能引出"同意"或"反对"的应答语。

三、语用条件——言语行为

不少调查表明，留学生在会话交际中出现的应答偏误常常与未能正确识别引发语的功能类有关。

外国学生要学会用汉语正确得体地表达自己的"同意"态度，除了要熟悉和牢记汉语中数量有限的"同意"相邻对以外，在与中国人会话过程中，首先面临的问题就是如何准确捕捉那些需要作出"同意"表态的引发语，其次是如何正确理解、识别"同意"相邻对的引发语中发话者的真正意图，或者说引发语施行的深层的言语行为。

笔者在实际课堂教学中，就亲身遇到过这种情况：学生面对汉语教师的提问，对于识别发话者所说的引发语的语用功能常常很被动和模糊，拿捏不准自己是应该用"是"还是用"行"作应答的开头；是需要回答问题表面所问的，还是只需要直抒自己的态度。在这种对话中，句子所体现出的言语行为显得更加可靠，而这些言语行为的辨识往往处于母语者的语感范畴，对于第二语言学习者来说，要识别它们并非易事，何况具有迷惑性的句类及句式等表面形式常常起到了一定的干扰作用。

另外，句法形式和言语行为对应的关系，就像词类和句法成分的对应关系一样，不是完全规则的，就像全职和兼职的区别，如某些句法形式长期行使这种言语行为，偶尔行使那种言语行为；对于没有目的语语感的第二语言学习者来说，要听懂发话者的用意，并做出合适得体的态度回应，需要弄清的内容包括：哪种句法形式较常行使哪种言语行为，哪种句法形式偶尔行使哪种言语行为，此时有哪些语境提示或限制条件。本书的第三章"引发语的规约形式"即是解决这个问题的。

在各种语言中，各类句法形式除了本身经常表达的言语行为外，还可在具体语境中表达其他言语行为，这些其他的言语行为被称为"规约性间接言语行为"。由于间接言语行为的存在，加上出于会话合作原则带来的礼貌委婉原则，汉语"同意"相邻对的引发语的句类及其语用类型之间并不是一一对应的。"对于外语学习者而言，要清楚地辨析问题（或引发语）绝非易事，由于形式与功能之间的矛盾使得问与答结构的识别更加复杂化。看似问题的问句（或引发语）在某一特定场合可能完全没有提问的功能，而不具备问句形式的话语恰恰起到了提问的功效。"①显然，这势必给没有汉语语感的外国留学生理解"同意"相邻对的引发语增加难度。

从引发语和句类的对应关系可看出，形式上的句类不能用来判断引发语的语用功能，重要的是看引发语在会话交际过程中体现出的言语行为。识别引发语的功能类，是恰当运用"同意"应答语功能类的前提，对于汉语作为第二语言的外国学生们来说，面对中国人说出的上句（即"引发语"），发话者要求自己什么时候作出"同意"或"反对"的应答，自己需要表达欣然的或勉强的同意态度时，在不同情况下该选用汉语中的哪种或哪些话语形式更得体、更准确，这些都是外国学生在与人会话交际中急需解决的难题。

第三节 从言语行为角度表述"同意相邻对"

如第二节中所述，我们认为"同意"相邻对的引发语和应答语从言语行为角度来表述，更能体现"相邻对"的特征。根据"相邻对"的特征：前后话轮之间具备"制约性相关"关系，即第一部分（前一话轮）所表达的言语行为关系到第二部分（后一话轮）的选择，第一部分的出现制约着第二部分的出现，应答语所对应的言语行为类型，也制约和关联着引发语的言语行为类型。

---

① 于聂(2007). 汉语会话过程中的肯定性应对研究[D]. 北京：北京语言大学.

根据前期实际语料的分析以及对同意相邻对的论证，我们将汉语"同意"相邻对根据引发语和应答语所行使的言语行为的不同，可以分为三大组(张治，2009)，具体如下：

(一) 应答者对发话者提出的观点表示认同：【观点—认同】

[17] 亚茹："我看咱们也别瞎操心了。这是人家两个的事，成与不成也在他们两人之间，没准人家已经私下有了默契了。"

沪生："<u>就是就是</u>，咱们就别在这儿瞎捣乱了。"

(王朔《刘慧芳》)

[18] 马兰给自己点燃一支香烟，吸了一口后说道："我觉得很有趣，我写出了一封信，十二年后才收到回信，我觉得很有趣。"

"<u>确实很有趣。</u>"周林表示同意……(余华《战栗》)

[19] 甲：学口语就应该多听多说。

乙：<u>是那么回事</u>，光看书可不行。

[20] "我是关心你。我怎么不去管大街上那些野小子在干吗？谁让你是我儿子的。"

"所以呀，我也没说别的，要是换个人给我来这么一下，我非抽歪他的嘴。"(王朔《顽主》)

(二) 应答者对发话者提出的猜测表示确认：【猜测—确认】

[21] 李嫂没走，在桌边坐着，还说："怎么样，我炒的韭菜炒蛋味道<u>不错</u>吧。"

小芹说："<u>不错</u>。"(刘国芳《刘国芳小小说三篇》)

[22]"他是不是很有追求?"

"追求得<u>一塌糊涂</u>。"(王朔《一点正经没有》)

[23]阿春:你恨我,对吗?

宁宁:<u>不该恨吗?</u>(确认:我恨你,而且应该恨。)

(《北京人在纽约》)

(三)应答者对发话者作出的请求、要求、邀请、建议、提供等表示接受

1.【建议—接受】

[24]"善老,"方文玉有点抱歉的神气,"请原谅我年轻气浮,明天万一太晚了呢?即使和山木可以明天会商,您这儿总是先来一队人好吧?"

"<u>也好</u>,先调一队人来,"包善卿低声地像对自己说。

(老舍《且说屋里》)

2.【要求—接受】

[25]"你老嚷什么?"太胖子不耐烦地训宝康,"就你烦人,没个眼力价,这会儿有你什么事?再嚷把你轰出去。"

宝康蔫了:"<u>好好</u>,我不说了。"(王朔《一点正经没有》)

3.【提供—接受】

[26]甲:这是我的一点小意思,请您收下。

乙:<u>那就恭敬不如从命了</u>。

　　"接受"类应答语的引发语主要包括：【发话者向听话者给出】请求、要求、命令、建议、提供、邀请共六种，这里仅以请求、建议为例先简单介绍一下。

　　(1)应答者通过接受发话者提出的"请求"来表达同意态度

　　应答者可以通过接受发话者提出的请求来表达同意，请求总会引出一些行动，请求的接受者可能是行动的施行者，也可能不是。

　　发话者向应答者提出请求，有两种情况：一种是发话者 A 请求应答者 B 有所行动，B 接受请求并承诺自己将有所行动。此时请求的接受者就是行动的施行者，如：

[27]她回头来对我说："明天我也不能去，<u>你给你爸爸送点东西去好吗？</u>"

"<u>好的，妈。我去。</u>你别哭了。"我回答得那么冷静，连今天的我回想起来都有些诧异。(潘虹《潘虹独语》)

　　另一种是发话者 A 请求应答者 B 允许自己行动，B 接受请求，A 有所行动。此时请求的接受者不是行动的施行者，如：

[28]孩子："妈妈，<u>我可不可以出去玩一会儿？</u>"

妈妈："<u>去吧。</u>"

　　(2)应答者通过接受发话者提出的"建议"来表达同意态度

　　应答者可以通过对发话者建议的接受来表达同意，如：

[29]甲：对方已经开始让步了，<u>咱们是不是把合同签了？</u>

乙：<u>好</u>，是时候了，这事就交给你了。

　　例[29]中，发话者甲用"是不是"问句施行了"建议"的言语行为，应答者乙接受了该建议，并承诺将有所行动。

表2-3 三类同意相邻对与言语行为类型

	引发语	应答语
（Ⅰ）类	观点	认同
（Ⅱ）类	猜测	确认
（Ⅲ）类	请求	接受
	要求	
	命令	
	建议	
	提供	
	邀请	

第四节 "同意"应答语与肯定形式的联系

在本章第三节的例子中，我们注意到无论是认同、确认，还是接受，从形式上看几乎全以肯定形式出现，作为汉语母语者，凭借语感，我们似乎也会觉得用肯定应答语表达"同意"理所应当，那么汉语肯定形式和"同意"应答语是否有必然关联呢？

在我们搜集到的1622个"同意"应答语的例句中，在句法形式上，肯定形式的"同意"应答语共1523个，占到93.9%；否定形式的"同意"应答语共18个，仅占1.11%；疑问形式的"同意"应答语共81个，占到4.99%。可见，的确是肯定形式占的比重较大。

从实例看，"同意"应答语除了可以用否定形式，还可以用疑问形式，包括肯定疑问形式（如例[30]和[31]）和否定疑问形式（如例[23]）。

[30]晓明道："是河南酒吧?"

　　文革奇道："你怎么知道?"

[31]"你这人怎么那么小心眼呵?"

　　"你才发现呵?"(王朔《过把瘾就死》)

[23]阿春:你恨我,对吗?

　　宁宁:不该恨吗?(《北京人在纽约》)

有时还可以是反问形式,如:

[32]女:老公,劳驾你开车送我一段!

　　男:你的话就是命令,我哪敢不听?①

　　我们对"同意"语用意义内涵的分类是建立在话语体现的言语行为基础上的,虽然这些话语的句法形式各异,但从言语行为角度来看,它们脱离不了"认同"、"确认"和"接受"这三种言语行为。

　　"同意"应答语之所以可以由多种句法形式表示,有两方面的原因:

　　一是各种句类本身就具有行使间接言语行为的可能。间接言语行为理论指出:疑问句不仅可以表示询问,还可以间接表示"请求"、"命令"、"建议"、"邀请"等言语行为;陈述句不仅可以表示陈述,还可以间接表示"请求"、"命令"、"劝告"、"提请注意"、"允诺"等言语行为;祈使句不仅可以表示祈求,还可以间接表示"警告"、"提供"、"妥协"、"让步"等言语行为。② 正因为汉语中句类和言语行为并非一一对应的关系,所以"同意"应答语在句法形式上,才可以多种多样。

　　二是具体对话中,上一句话对答语的制约。答语怎么答,在一定程

<hr />

① 　例子引自毛海莹(2002).提高零起点短期班留学生 HSK 听力成绩对策[J].宁波大学学报(教科版)(2).

② 　何自然(1988).语用学概论[M].长沙:湖南教育出版社.

度上受到了上一句话对它的制约，主要是语义制约和形式制约。

这种制约首先表现在语义上：

[33]"请问，你是不是心情很激动？"

　　"是的，我很激动，旧社会把人变成鬼，新社会把鬼变成人。"(王朔《千万别把我当人》)

例[33]中"是不是"问句带有发话人明显的倾向性，发话人猜测应答者当时可能很激动，答语在语义上必须顺应发话者的期待。

仔细分析起来，无论是表示"认同"的同意，或是表示"确认"的同意，还是表示"接受"的同意，所使用的句法形式都是多种多样的(具体形式详见第四章"同意应答语的表现手段")。比如，在汉语中，"重复或部分重复引发语"是同意表达的重要手段之一，如果采用这种手段表示同意时，引发语采用何种句法形式，同意应答语就会采用与引发语一致的句法形式，比如引发语和应答语同为肯定形式，或同为否定形式。

其次表现在形式上，实际语料显示，"同意"应答中出现否定形式，多半是采用重复或部分重复的手段，如：

[34]"我在剧场走台刚完就跑来了，没迟到吧？"

　　"没迟到。"三个男人一起微笑着看她。

例[34]中，引发语的句法形式是有否定标记的"吧"问句，本身带有发话者的主观倾向，应答者显然意识到了这种倾向，所以在作出同意应答时，就直接重复了引发语的否定标记形式。

[35]陈白露：走近来点！怕什么呀？

　　方达生：不怕什么！(《日出》)

例[35]的引发语表面上的句法形式是带有疑问词的反问句，表达了否定的意义，应答者意识到了这种否定，因此在作出同意应答时就采用了否定句形式。

事实上，语用意义上的同意与否和形式上的肯定与否没有必然联系：同意可以用否定形式的应答语，如例[32]、[33]；肯定形式的应答同样可以表示不同意，如例[36]：

[36]"你不吃点东西再走?"我洋洋得意地送她。

"我包里有巧克力。"(王朔《浮出海面》)

例[36]引发语是有否定标记的陈述问句，带有发话者主观倾向：发话者觉得应答者应该吃点东西再走。应答者则用肯定形式的陈述句表达了反对的态度。

综上，应答语是否表示同意，主要应该看引发语与应答语之间在语义上是否存在"同意"关联，与应答语的句法形式关系不大。如果不存在，即使是肯定形式的回答，也不能表达同意，如是非疑问句的肯定回答，问句和答语之间只存在"是非"关联，并不存在"同意"关联，即使应答语为肯定形式，也不能算作"同意"应答语。

第五节　小　　结

本章从相邻对概念出发，作者在结合语感，分析实例后发现：汉语对话中能引出同意应答语的话语在语义上总是与同意应答语构成像"观点—认同"、"猜测—确认"、"请求—接受"这样位置相邻、语义相衔接的"同意话语对"③，由此，反推出汉语中"同意"的语用意义内涵包括"认同、确认、接受"。同时，作者根据"相邻对的构成是建立在话语表示的言语行为之间的衔接基础上的"①这一原则。

指出这三种"同意相邻对"应该按照言语行为(比如"观点"、"猜测"、"认同"、"确认")进行表述,而不是按照句子的肯定或否定形式来进行表述,此外,作者还根据相邻对的引发语和应答语之间存在的"制约性相关"关系,作者还探讨了能够引出态度应答语的引发语在语义、句类、言语行为方面的限制条件。

最后,本章还讨论了能引出"同意"或"反对"态度的引发语所表示的言语行为与语义和句类之间的关系:即引发语应满足的条件:(1)语义条件——确信度;(2)句类条件。

---

① Halliday, M. A. K & Hasan, R. Cohesion in English [M]. London: Longman, 1976. 他们提出了五种"非结构性衔接":指称(reference)、替换(substitution)、省略(ellipsis)、连接(conjunction)和词汇衔接(lexical cohesion),后来Hasan又扩大了衔接的范围,增加了结构性衔接和相邻配对(adjacencypair)作为衔接手段。

第三章 "同意"相邻对中引发语的规约形式

第一节 与"认同"对应的引发语——"观点"

在同意相邻对"观点—认同"中，"观点"引发语的类型最复杂，我们根据"观点"所表达的具体语用功能，将充当引发语的"观点"分为主观性观点、事实性观点两大类，这两类引发语通常分别对应不同的规约形式。

一、汉语中表达"主观性观点"的规约形式

汉语中表达"主观性观点"的规约形式包括直接观点句、陈述观点句、反问观点句。

(一) 直接观点句

在语言中，有这样一些动词或结构，它们的出现可以明显、直接地表明话语"以言行事"的用意，便于听话人更快、更准确地的了解说话人的实际意图，这样的词或结构，我们称之为"施为动词"(performative verbs)或施为结构。含有施为动词的话语施行的言语属于"直接言语行为①"。

---

① Austin 将含有施为动词，直接表示言语行为的句子称为"施为句(performatives)"。引自 Austin, J. L. (1965). *How to Do Things with Words*[M]. Oxford University Press.

正如什么样的"施为动词"（performative verbs）或施为结构对应什么样的言语行为一样，"认为"类动词、心理动词、有+"看法"类名词等"施为"动词对应的是"表达主观性观点"的言语行为，我们把包含施为动词的句子叫做"直接观点句"，这些句子的主语多为单数第一人称代词"我"或"我们"，时态是一般现在时。

1. "我"+"认为"类动词

汉语中常用的"认为"类动词包括："觉得、认为、发觉、想、看、说、"；或含"认为"义的插入语"据我看、依我看"，

[37] 马兰给自己点燃一支香烟，吸了一口后说道："我觉得很有趣，我写出了一封信，十二年后才收到回信，我觉得很有趣。"

"确实很有趣。"周林表示同意，……（余华《战栗》）

2. "我"+心理动词

常用的心理动词包括"信、希望、爱、怕"，通过表达意愿表明自己的态度。

[38] "要说人有活一百八十岁的——我信。"冯小刚还说。

"可不，搁咱们国家这叫寿星，搁港台齐大妈就是人瑞了。"于观也帮腔。（王朔《你不是一个俗人》）

3. "我"+有+量词+"经验、看法"类名词

[39] 吕建国答道：派出所说有点眉目了，看看怎么办吧。就说了方大众的消息。

梁局长道：找到了就好，不过，这年头我有个经验，凡事太顺了，就不是什么好事了。不定还出什么妖事呢，

你们也别高兴太早了。

吕建国笑道：局长说得是。心里骂，你盼着我们出事才高兴呢。(谈歌《大厂(连载之二)》)

(二)陈述观点句

Austin 将英语中这类"句中不含'施为动词'，却可以通过陈述信息来表示主观性观点的句子"称为"表述句(constatives)"①，表述句看似只陈述信息，描写事实，不具备施事功能，但在实际言语交际中只要具备了恰当的语境条件，同样可以起到"以言行事"的功能，可以通过单句或复句的形式实现这种功能。

1. 单句形式

引发语为单句时，可以实现的"以言行事"的功能主要包括：(a)主观判断；(b)主观评价；(c)表达意愿。

(1)主观判断：常使用"是"字句、"像"字句、"有"字句、比较句等含有判断意味的形式。

"是"字句：("A 就是 B 了"、"A 也不是 B 啊!"、"……真是……")

[40]"二小现在干什么呢?"

今天这儿，明天那儿，打短工呢! 可他也快四十岁了，连个家还没成呢，这也不是常事啊!"

"是啊，是不是常事儿。(梁晓声《关于大小》)

"像"字句：

---

① Austin, J. L. (1965). *How to Do Things with Words* [M]. Oxford University Press.

[41]"哎呀姐夫，"金枝发现了什么似地叫起来，"这孩子跟你们真是有缘呀！你看，他这眉毛多像你，他这嘴巴，多像我姐姐！姐姐！你快来看呀！……"

这下子，金秀不得不进里屋来了。

"看什么？"金秀问。

"她胡扯呢，"张全义说，"医学上倒是有这样的说法：在一起生活的时间长了，两夫妇的相貌可能产生相近之处，养子养女也有可能。可还没听说过，今儿下午抱来，今儿晚上就随了我们的。"

金枝说："没法解释的事多了，最没法儿解释的就是那个算命先生，你们要是和这孩子没缘，怎么就让人家算得这么准？"

"这还真把我给问住了。行行行，就像我们，像我们！"张全义连连点头苦笑，又扭脸对妻子说："听见没有，连金枝这现代青年都说了，这是天意。"

（陈建功、赵大年《皇城根》）

"有"字句：带有主观判断意味的存在句，而不是纯粹客观描写的存在句，"没有几个 N"、"没有什么+形容词"。

[42]刘：这话没错儿。男的里头没有几个好东西。

戈：所以呀，你是让张老师和女同志接触呢，还是跟坏人接触？你把他这条儿道给堵死了，他就奔那条儿道出溜。女人、坏人跟他接触，哪个危险？哪个危险小一点儿？就说跟张老师接触的女人有不三不四的，可是总比跟不三不四的男人接触要好啊。两害相权，取其轻嘛。

（《编辑部的故事》）

比较句："A 和 B（不）一样"、"A 比 B 怎么样"、"像……一样……"

　　[43]"现在这些孩子和咱们那时候真不一样。"

　　　　"可不，咱们上学那时候多纯呀，就知道听党的话，做毛主席的好孩子。现在这些孩子可好，没他们不知道的。"

　　　　　　　　　　　　　　　　　　　　（王朔《刘慧芳》）

对将来发生的事情的主观判断："……会……"、"……很快就可以……"等。

　　[44]"嘿，他们彼此相爱，而且主席也同意了，我还能有什么意见？"她开心地笑道。停了一会儿，她又说："小孔各方面都好，就是有点胃病。"

　　　　我说："那不要紧，在饮食上注意一点，很快就可以治好的。"

　　　　"我也这样想。"她点点头说，"主席考虑问题总是很周到的，身体是很重要的条件，他不会想不到。"

　　　　　　　　　　　　　　　　　　（水静《毛泽东密召贺子珍》）

　　叙说常理：常用的词汇标记为"V……最重要的是……"、"V……讲究的是……"、"V……怎么样才好"、"往往……"、"自古……"

　　[45]黑芝麻厂长：一个好产品既要叫得响，又要讨个好价钱，最重要的是要有高明的推销术。

　　　　香水厂长：不错，令鄙人犯愁的就是推销。

　　　　　　　　　　　　　　　　（马泰泉《"香水"与"黑芝麻"对话》）

(2)主观评价：

用表述句表达主观评价形成的引发语是一种强制性较弱的引发语，根据应答者的身份不同，情况也不同：应答者为陌生人时，因为互相不熟悉，所以一般比较客气，可作答也可不作答，很少发生争论，即使听话人不赞成说话者，也不会去反驳。因此对陌生人发出的主观评价引发语，一般只会引起共鸣性的话语。实际语料也证明：陌生人在听到主观评价的引发语后做出的应答语以"同意"的多见。① 但如果应答者为熟人，则必须有所应答，否则发话者会感到奇怪。

主观评价性的陈述观点句的规约句法形式主要涉及名词和形容词之间的陈述和被陈述关系、描写和被描写关系，最典型的就是"什么人(物)怎么样"，

[46]"宝康，你这人什么都好，就一条：太傲。"马青责备他。

"没错，我真是这样。我也觉得这样特别不好，老让别人觉得巴结都巴结不上。（王朔《你不是一个俗人》）

[47]别人抬头看看我，说道：好大的个子！

她拍拍我的肚子说：可不是嘛，个子就是大。

（王小波《白银时代》）

还有表达评价的熟语，如"真有你的"。

[48]下车看了好几次，没有异样，刚骑老毛病又犯了。回家告诉爸爸，爸爸下去一看，敲敲这儿，动动那儿，折腾了半天，发现毛病出在脚蹬上，用钳子一拧，我试骑几下，果然不错。我说："嘿，爸，真有你的！"

老爸一听，一扬眉毛："那还用说！"

（《北京晚报·"多功能"牌老爸·20010902》）

① 刘虹(2004). 会话结构分析[M]. 北京：北京大学出版社.

（3）表达意愿：

句中的动词常用"应该"类能愿动词，如"得、应该、必须、不能、要"。

[49] 我受到感染，眼角有些潮湿，说："老邓，这么说你更应该戒烟，自责心也应战胜烟瘾的诱惑呀！"

老邓深沉地说："也许<u>你说得对</u>，可我戒不了。"

（叶大春《三瘾录》）

2. 复句形式

甚至当没有显著的形式标记(没有施为动词、疑问手段)，也不是通过陈述信息来表达观点时，引发语可以通过明确条件和原因的关系，用复句的形式表达自己的观点，即在句中可以补出一定的复句关联词(如：要是……就……；如果……就……；"只要……就……"；"因为……所以……"等)，使引发语呈现出复句的形式，这样的复句关系主要有条件和因果两类。

条件复句关系："要是……就……"

[50] "赶明儿我们给你宣传宣传，上当的就更多了。"

"对对，我今儿请大家吃饭就为这个，你们都是专家。我这点手艺跟你们比起来那真是小巫见大巫。早听说没见过这回见了算真服了。"

因果复句关系："因为……所以……"

[51] 队长用脚踢踢汽车的饭碗，说："太小啦。"

买来的人说："<u>没有更大的了，只能一锅一锅煮了。</u>"

队长是个喜欢听道理的人，不管谁说什么，他只要听着有理就相信。他说："也对，一口吃不成个大胖子，就一锅一锅煮吧。"(余华《活着》)

(三)反问观点句

以疑问的形式(包括是非型反问句和特指型反问句)表达主观性观点主要是通过反问句实现的，我们的语料中出现的是非型反问句包括有标记是非反问句(语料中出现较多的有："不、没"类、"难道、还"类)和无标记是非反问句两种；出现的特指型反问句包括"哪"类、"哪里"类、"谁"类、"什么"类、"何必"类、"怎么"类。

1. 是非型反问句

有标记是非型反问句

(1)含有"没 V"、"不 V"的问句

(2)含有"不是"、"不就是"、"不还是"、"不也是"的问句

(3)"难道……还"类反问句

无标记是非型反问句，殷树林(2006)将其称为"无标记是非型反问句"，句中没有明显的标记，判断这类句子是否反问句只能根据其表示的意义和语境判断是不是反问句。

"S+嘛?"

[52]刘：就怕这个，就怕这个。男同志兜里要有俩儿钱啊，别的嗜好又搀和不进去，可不就容易！

张：我是那人吗？你说，<u>我是那人嘛？</u>

李：<u>就是</u>，你哪儿能那么看呢，啊？

张：就是。(《编辑部的故事·谁是谁非(下)》)

2. 特指型反问句

相比而言，特指型反问句更容易被外国学生误解，不少留学生将其误认为需要对特指问的部分进行回答，而忽略了特指型问句的反问意义。判断一个特指问句是不是反问句的方法有两种：一是通过问句的句调来判别：一般而言，特指问句和陈述句都是降调，如果出现了特指疑问词，而句末为升调，在对话中凭借听力，可以判断出这类特指疑问句为反问句；二是通过疑问代词的意义来判别，如果疑问代词用疑问用法解释不通，就说明这个问句是反问句。

我们的语料中出现的能引出同意应答语的特指型反问句所包含的疑问词有"哪"、"哪里"、"谁"、"什么"、"何必"、"怎么"，特指疑问代词用于反问句表示的观点在意义方面有两种：一种是表示说话人的指责，另一种表示说话人的抱怨等。但疑问词不同，转换成相应的陈述句也有所不同。

表示指责："什么"

[53] 余：就是。跟机器人儿跳舞能出什么事儿啊？要是人嘛，就不一定了。是不是东宝？

李：对啊。诶，把我看作什么人了？（《编辑部的故事》）

表示抱怨："多少"、"怎么"

[54] 甲：就因为你写错了一个字，害得我们跑了多少冤枉路！

乙：都是我的不是，我向你道歉。

[55] "你怎么一点也不像我！" 我不由得抱怨。

"那当然啦，你是你，我是我。" 她回答着。

（程乃珊《吾家有女初长成》）

二、汉语中表达"事实性观点"的规约形式

(一) 现在的事实

提请人们注意当下发生的事实("你们看……"、"你翻翻……",如例[56]);转述听到的事实("听说"、"根据调查",如例[57]);描述"人或事物存在的状态"(如例[58])或"某地存在某物"(如例[59]),时态是一般现在时。

[56] 甲:你们看,他的耳朵会动。

　　乙:是吗?我看看,哎,还真是。

[57] "听说中国人用两根小木棍当餐具,就是筷子(古英语里还没有筷子这个词呢)其功用胜过西方人的一大堆餐具。"

　　"这倒是事实。诺贝尔奖获得者,美籍华人杨振宁博士曾说,发明筷子,是中国人高智商的证明。你用过筷子吗?"(莫怀戚《陪都就事》)

[58] "你的肚子和外国肚子有个区别。"她在后面边弹琴边瞧着镜子里的我说。

　　"(你的肚子比外国肚子)更尊严?"

　　"人家是下腹沉甸甸,您老先生是胃囊鼓出来。"

　　我和她对视一会儿,承认:"那倒也是。炎黄子孙嘛。"

　　　　　　　　　　　　　　　　　　(王朔《浮出海面》)

[59] 刘超云:小平,南沟沿有厂子!

　　平海燕:什么厂子呀?

　　刘超云:(南沟沿有)塑料厂。

　　唐大嫂:对了,是塑料厂!乡下不是搞积肥运动吗?我就把它记成肥料厂啦!(老舍《全家福》)

(二) 过去的事实

(1) 含时间词："从小、当时、现在、那天"等时间词及"刚"等时间副词，叙说过去发生的事实，时态为一般过去时。

(2) 含动词完成标志"了"、"过"；主语为第二人称"你"或"你们"（如例[60]陈述的目的是为了提醒应答者记起过去发生的事情，应答者对过去已发生的事情表示认同）；也可以为第三人称"有人"、"他们"、"你的朋友"（如例[61]）。

> [60]"司马炕，你今天值日你给忘了。"我刚进办公室，司徒聪就笑着冲我嚷，表情极亲密。
>
> "真是，"我慌张张打抹布，"过个星期天都把人过糊涂了。"（王朔《痴人》）
>
> [61]"这就是辩证法吧？比较朴素的。"
>
> "我也不知道是不是，我只知道凡事都有个理儿，打个喷嚏不也有人写了几十万字的论文，得了博士。"
>
> "有这么回事，这论文我们上学时传阅过。人家不叫喷嚏，这是粗俗的叫法儿，人家叫'鼻粘膜受到刺激而起的一种猛烈带声的喷气现象'。"（王朔《顽主》）

表 3-1   事实性观点句

	时态	意 义	标 志	例 句
现在的事实	现在时	提请人们注意当下发生的事实	你们看	你们看，他的耳朵会动。
		转述听到的事实	听说、根据调查	听说中国人用两根小木棍当餐具
		描述"人或事物存在的状态"或"某地存在某物"	您老先生是胃囊鼓出来。	
				(南沟沿有)塑料厂。

续表

时态		意 义	标 志	例 句
过去的事实	过去时	时间词"从小、当时、现在、那天";副词"刚"		
		动词完成标记"了、过"		你今天值日你给忘了。

第二节 与"确认"对应的引发语——"猜测"

本书中的三类同意相邻对都是我们凭借语感,从例句中提炼出来的。当例句的引发语带有"求证"意思时,我们将其统一归入"猜测—确认"相邻对中。我们发现,在这类相邻对中,"对、是"更多地充当话语的应答,而不使用"行、好",这多半与二者之间的语义相关。

与"确认"相对应的引发语为"猜测",汉语中陈述"猜测"的规约形式有直接猜测句、陈述猜测句、疑问猜测句三类。

一、直接猜测句

主要分为"看"类和"说"类两大类,主语为第一人称,含有表示推测的施为动词。

(一)"看"类

"看"类的动词如"我看、看来、看出、看您的模样、从……来看"。以"看来"为例:

[62]甲:*看来你不喜欢旅游。*

　　乙：让你说着了，我就喜欢呆在家里看书。

（二）"说"类

　　"说"类的动词如"这么说、你说的是、你的意思是、也就是说"。以"这么说"为例：

> ［63］起明：不，我不是生意人。
>
> 　　　　阿春：您是……
>
> 　　　　起明：拉大提琴。
>
> 　　　　阿春：噢，<u>这么说您是位艺术家了</u>。
>
> 　　　　起明：<u>算是吧，</u>可也谈不上。

二、陈述猜测句

（一）采访体对话中

　　刘虹（2004）提到一些句子表面看来是陈述句，但实际上起了要求证实的询问功能。这涉及 Labov. W（1970）提出的一条规则：对于参加会话的 A 和 B 两个人来说，有些事情是 A 知道的而 B 不知道，我们管它叫"A—事件"；有些事情是 B 知道的而 A 不知道，我们管它叫"B—事件"；至于对话双方都知道的事，我们则管它叫"AB 事件"。有了这些概念，我们就可以把这条规则表述如下：如果 A 做了一个关于 B—事件的陈述，那么人们就把 A 的话理解为他要求 B 对他的陈述加以证实。

　　根据该规则，表面看来是陈述句，实际却可以起到要求证实的询问功能，发话者在陈述事件，但可以把他的话看成他要求应答者对他的陈述予以证实。这种陈述实际上是一种隐性的询问。①（我们简称为"陈

---

　　①　刘虹（2004）. 会话结构分析［M］. 北京：北京大学出版社.

述为了证实规则"。)

[64]曹：就很有启发性的。

　　吴：对，这个启发性很大。(《可凡倾听》)

[65]曹：孙子帮你一块儿撕，有经验了。

　　吴：对，有经验了。因为我觉得遗憾的东西不能出去。

(《可凡倾听》)

(二)非采访体对话中

发话者在引发语中可以通过省略推论的部分来表达猜测，应答者可以通过补充省略的部分来表示确认，如：

[66]渔人又说："这个小姑娘，是先生的……"

　　父亲笑说："是的，是我的女儿。"(冰心《海上》)

发话者通过陈述自己听到(例[67])或看到的(例[68])与听话人相关的事实来表达猜测，希望应答者对他的转述予以证实，常用"您曾经提到、某人(对我)说、听说"等。

[67]"他对我说，你是他女朋友。"

　　"嗯。就算是吧……"(梁晓声《表弟》)

[68]"你跟他搞得挺熟，叫你都用外号了。"朱秀芬对我说。

　　"嗯，我喜欢让人觉得我没什么架子。"

三、疑问猜测句

能表达猜测言语行为的疑问句一般都带有副词标记或句调标记。副词标记有两类：一类是带预设义的副词标记，"又、也、还、就、不、没"；另一类是缓和语气的副词标记，有些是表示把握性较大的猜测，如"肯定"、"一定"、"想必"、"不至于"，这些副词有些是表示把握性较小的猜测，如"好像"、"大概"、"似乎"、"可能"、"没准儿"。

(一) 只带副词标记

[69]小伙子们走后，我们重新坐下。谭丽瞅着我说："瞧你，<u>还紧张呢!</u>"她笑，"这可和我第一次见你印象大不一样。"

这要是从前，咳，不提了，我不愿坏在鼠辈手里。"我笑。

"<u>我刚才是有那么点紧张</u>。"（王朔《玩儿的就是心跳》）

[70]"你的名片<u>也</u>忘带吧?"李东宝问戈玲。

"当然，真抱歉。"戈玲笑说。（王朔《懵然无知》）

[71]女：这么困呀，是不是昨天晚上<u>又</u>看世界杯了?

男：<u>那还用说</u>，平时工作忙，总顾不上看球，现在那么多好球队碰到一块踢球，可得好好儿补补课。

例[71]中发话者的预期是指发话人知道这个男的以前曾经因为看世界杯而犯困。

带预设义的副词标记+句调标记："又、也、还、就、不、没"。带副词标记的预设性更强，即使在问句中，发话人多数以降调来完结句子，对猜测的把握性更大。

（1）末尾带语气词的问句：语气词有"吗、啦、呢、吧、啊"等。如：

[72]"你大概不常到这个地<u>方</u>来<u>吧</u>?"

汪百龄灵机一动："是的，这和认识你一样，是第一回。"

（陆文夫《清高》）

例[72]中，就是副词标记"不"和句调标记"吧"（降调）的组合。

（2）末尾不带语气词的问句：

a."是不是"问句：如带副词标记"还"的例[72]，带副词标记"又"的例[71]。

> [73]"我……我打听一下，金一趟老先生的家，<u>是不是还在这儿</u>?"男人问。
>
> "<u>是啊</u>，您……找他?"（陈建功、赵大年《皇城根》）

b. 陈述问句：直接由陈述部分加上问号组成，不用句末语气词。如带副词标记"没"的例[75]；带副词标记"又"的例[74]。

> [74]周林问："你回到屋中后又看了一遍?"
>
> "是的。"
>
> 马兰说。"你吃惊了吗?"
>
> "有点。"
>
> 周林又问："没有激动?"
>
> 马兰摇摇头："没有。"（余华《战栗》）
>
> [75]"她似乎没有朋友?"他又偷问溪边的野菊。
>
> "是的，除了我们。"（何其芳《墓》）

大多数问句，如果保持句调以升调来完结句子，发话者表达的多半是疑惑，希望在听话人处求证。

（二）只带句调标记

原来的句类的句调为升调的，现在读成降调，往往表达发话人的猜测。

1."啦"问句

"啦"可以看作语气词"了"和"啊"的叠用，"了"表示动作已经完成，"啊"负载要求证实的疑问语气。以"啦"结尾的问句一般用降调，也是一种比较确定的猜测，要求对方能作出证实的反应。

[76] 宋玉娥："我心里有点乱，思想不集中！"

余志芳："怎么啦？想老爷爷啦？"

宋玉娥："有那么点！"（老舍《女店员》）

2. "吧"问句

[77] 秦仲义："庞老爷！这两天您心里安顿了吧？"

庞太监："那还用说吗？"（老舍《茶馆》）

（三）兼带副词标记和句调标记

[78] "一般的特务肯定是潜伏在重要目标附近吧？"

"当然，要不干嘛来呀。"（王朔《无人喝彩》）

该例中，既包含了表示较大把握的副词标记"肯定"，同时又将升调变为降调，表达猜测。

[79] 两个人慢慢品着柠檬茶，又用勺子一厘一厘地挖黑森林蛋糕，穗珠考虑再三道："史枯女儿那里，我们放在她面前十万块的定金和百分之百的诚意，她不至于不动心吧？"

姚宗民的眼睛刷地一亮，脸色也透明了，"那还用说？！绝对柳暗花明了，只是这钱……"穗珠沉着道："定金当然由我来出，不过事成之后，本金加提成，你是一分不

能少我的。"姚宗民大声道："那当然了，我们签合同去公
证。"(《中篇拔萃》)

该例中，既包含了表示较大把握的副词标记"不至于"，同时又将
升调变为降调，表达猜测。又如：

[80]"爸！<u>明天你不再走了吧</u>?"小顺儿似乎很不放心爸爸的安全。
　　　"嗯！"瑞宣说不出什么来。他知道，只要日本人高兴，明
　　　天他还会下狱的。(老舍《四世同堂》)

(四)没有副词标记

仍然对猜测保留较强的把握性的句类有以下两类：

(1)"是不是"问句，有时"是不是"问句会紧缩成"是……吗?"问
句，同样体现出较强的把握性。

(2)附加问句，在问句末尾以"对不"、"是吧"来结尾。

表 3-2　　　　　　　　　　　**猜测的规约形式**

猜测句类型		施为动词	例句
直接猜测句	看类	我看，看来，看出，看您的模样，从……来看	看来你不喜欢旅游。
	说类	这么说……，你说的是……，你的意思是……，也就是说	这么说您是位艺术家了。

续表

猜测句类型			施为动词	例句
陈述猜测句	采访体对话中	陈述句（"陈述是为了证实。"）		就很有启发性的。
	非采访体对话中	省略推论部分		这个小姑娘是先生的……。
		陈述听到看到的事实	您曾经提到、某人（对我）说、听说	他对我说，你是他女朋友。
		估测副词 较大把握	肯定、一定、想必	
		估测副词 较小把握	好像、大概、似乎、可能、没准儿	
疑问猜测句		副词标记	带预设义：又、再、也、还、就、不、没	还紧张呢？是不是还在这儿？
				你的名片也忘带了吧？
				昨晚又看世界杯了？
				明天你不再走了吧？
				你那件衣服没退掉？
			缓和语气：肯定、一定、想必、不至于	一般的特务肯定是潜伏在重要目标附近吧？
				她不至于不动心吧？
			好像、大概、似乎、可能、没准儿	你大概不常到这个地方来吧？
				她似乎没有朋友？
		句调标记		想老爷爷啦？
				这两天您心里安顿了吧？
	有较强把握的猜测句	是不是问句		
		附加问句	对不？是吧？	

第三节 与"接受"相对应的引发语

一、汉语中表达"请求"的规约形式

"请求"(request)是一种带有使役性质的言语行为,因此该行为的施事可能威胁到对方的面子,涉及礼貌问题,所以在人际交往中,很多时候说话人往往不是直接向对方发出请求,而是借助一定的辅助性话语或间接性话语,以降低该请求所产生的使役性,或减少该行为可能带来的负面效应。①

因为请求会对听话人产生一定的驱使性,因此在实施请求前后,说话人常会采用一定的语言手段,试探向对方发出请求的可能性或可行性,这有助于降低请求所产生的驱使性,增强对方接受该请求的可能性。如:采用询问的方式进行试探"现在有空吗"等等。

由于交际受制于双方的人际关系,所以实施请求时,说话人可以选取不同的视角,以促成该言语行为的顺利实施,表现为规约形式的主语人称不同,如:

(1)以听话人为出发点:请求句主语常常为第二人称,如祈使请求句和疑问请求句。

(2)以说话人为出发点:请求句主语常常为第一人称,如直接请求句。

(3)以第三者为出发点:如陈述请求句。

视角的选择不是随意的,而是存在一定理据的;因为说话人发出请求的同时,往往会考虑成功实施请求的可能性,或被对方接受的可能性,即实施请求后的"取效"。

---

① 冉永平(2006).语用学:现象与分析[M].北京:北京大学出版社.

表达"请求"的规约形式有四种：直接请求句、祈使请求句、陈述请求句、疑问请求句。

(一) 直接请求句

用含有"请求义"的施为动词"请/要求+你+V."的兼语格式表达，格式中的人称多是第二人称"你"。

1. 请+你+V.

> [81] 甲：这是我的一点小意思，<u>请您收下</u>。
>
> 乙：那就恭敬不如从命了。

2. 要求+你+V.

> [82] 倒是金枝突然想起了什么，收住脚步，看了看张全义，
>
> 说："哦，对了，有一件事我倒<u>要求你帮我</u>。"
>
> "你说，我一定办，一定办。"张全义道。

例[82]中的"我(倒)要求你帮我。"="我要求你"+"你帮我"。

(二) 祈使请求句

1. "帮"类

第一个动词是"请"，"请"的宾语一般是第二人称"你"或"你们"，后接连动结构，连动结构的第一动词为给予义动词"帮"，构成"请你帮 sb. +V"的句式。

> [83] "这是写给谁的？"陈毅一见大喜，忙问。
>
> "这是我为毛主席七十大寿填的一首词，表表心意。"沈尹
>
> 默说，"<u>请您帮我转呈主席</u>。"

"好哇!"陈毅朗声答道, 随即展卷, 只见沈尹默用秀劲的毛笔字写道:

一柱擎天, 万里无云, 四海无波。喜红旗飘起, 乾坤浩荡, 东风拂遍, 遐迩融和。六亿人民, 齐登寿域, 见者惊夸安乐窝。(孙琴安《毛泽东与五大书法家》)

2. "让"类

主语通常为"你", 第一个动词是"让", 构成"你+让+某人+V+某事"的句式, 发话者向应答者提出要求或请求。主语通常为"你", 第一个动词是"让", 构成"你+让+某人+V+某事"的句式。

[84]杨清民真急了: 我的爷爷, 见好就收吧。再闹就要出乱子的。<u>你让小陈放了他。</u>快放了。

小张笑道: 行行, 看把您给急的, 我这就去让小陈放他走。(谈歌《城市警察》)

主语通常为"你"或被省略, 第一个动词是"给", 构成"V1+给+我/我们+V2V2(V2 的动词重叠形式)"或"V1+给+我/我们+V2 一下"的句式, 发话者向应答者提出请求。如:

[85]"到底是诗人, ……快些念给我们听听罢!"我打趣他。

"当然, 当然,"他说着便高声念道: "坐轿上高山, 头后脚在先。请君莫要怕, 不会成神仙。"

(庐隐《秋光中的西湖》)

例[85]中"念给我们听听"实际上就等于"念给我们听听"。

（三）陈述请求句

陈述请求句是指以陈述方式间接表达"请求"言语行为的请求句。

用陈述的方式间接表示请求，主要有两类：一类是直告事实，如例[86]、[87]；另一类是转述事实，如例[88]。

[86]（男）：我跟朋友出去，晚上会晚点回来。

（女2）：去吧，你高兴就好。

[87]（男）：我和爱人两地生活快十七年了。按县里文件，有职称的，家属是可以调过来的，可我一次次跑人事局，他们都说没名额。

（女2）：好，这事由我来解决。

[88]我过去轻轻对小平同志说："有一群年轻人想见见您呢！"

小平同志一听立刻说："好啊！我要去和年轻人拉拉手！"

只见小平同志又返回去和那群年轻人一个个握手。

（黄卓坚《南巡时，我在小平同志身边》）

（四）疑问请求句

刘虹（2004）在研究"陌生人会话开头的特性"时，曾提到："使用疑问句表示请求，显得更加礼貌、客气。"就引发语所表示的请求的礼貌程度而言，显然是疑问形式的例[90]、[92]分别高于陈述形式的[89]、[91]。

[89]甲：你的笔我用一下。

乙：好。

[90]甲：同志，您的笔借我用一下好吗?

　　乙：好，你用吧。

[91]甲：买瓶酱油。

　　乙：一块二。

[92]甲：师傅，帮我拿一瓶酱油好吗？

　　乙：好，一块二。

　　表示请求的疑问句形式主要有三类：是非问句(主要是含情态动词"能"的"吗"问句)、正反问句、附加问句。

　　这三类问句都包含动词"帮"、"给"、"陪"、"替"，动词后的宾语一般为第一人称"我"或第三人称"他(她)"，宾语为"我"(指向发话者)时，是发话者请求应答者给自己帮助；宾语为第三人称"他(她)"时(指向说话双方以外的第三者)，表示发话者请求应答者给第三者帮助。不管是哪种，给出帮助或付出行动的人总是应答者。

　　1. 是非问句("能 VV 吗？")

　　含情态动词"能"的"吗"问句，是无标记无倾向"吗"问句中唯一可以引出"同意"应答语的一类。"能"问句通过对可能性或允许的询问间接表达了"请求"言语行为，常常采用动词重叠的形式，用短时和小量来缓和语气，降低请求言语行为的指使力度，增大对方接受请求的可能性。

　　(1)当"能"表示可能性时，主语为第二人称"你"(指向应答者)，我们所搜集到的例子中，"能"后面一般接含有给予义的动词"帮"、有给予方向的介词"给"，动词宾语是第一人称"我"(指向发话者)，构成"你能帮我吗？"(如例[93])、"你能给我 V 吗？"(如例[94])、""能V1+N+给+sb.+V2(动词重叠)吗？"(如例[95])。

[93]"我想到街上商店里，买一只多桅帆船……你知道我口语完全不行……能帮帮我吗？"

"当然，"她口气挺热情，脸上却冷冷的："当然可以。"

(刘心武《多桅的帆船》)

[94] 已到了门口，树人灵机一动似的，问了句："先生能分分心，给我介绍个朋友，能给我找点工作的朋友吗?"

孟先生面微扬着点，背着手，脚跟抬了两抬。"好的，你去看看堵西汀先生，他是很有办法的人。拿我个名片去……"

[95] "小老乡，那些白条条还在吗?"

"在哩!"那汉子从盛烟叶的筐箩筐中找出一摞纸条。

"能借几张给我使使吗?"

"成，反正也没用!"(段向群《当代女包公刘丽英》)

(2) 当"能"表示允许(有时使用表示允许的动词"可以"，见例[97])时，主语一般是第一人称"我"(指向发话者)，构成"我能 V(动词重叠形式)吗?"如:

[96] "我能拿回家翻翻吗?"于德利翻了两页稿子，问李东宝。"这几天跟老婆没话，正想找点言情小说看。"

"拿去吧，想着还回来。"(《编辑部的故事》)

[97] 女:叔叔，可以看看你的地图吗?

男:拿去看吧，你们是不是刚放暑假啊?

2. 正反问句

常用"可不可以"、"能否"、"能不能"构成正反问句，主语可以是第二人称"你"，构成"你可不可以给我 V?"(如例[8])、"你能否 V 给我?"(如例[98])的句式，发话者请求应答者给予东西或付出行动;主语也可以是第一人称"我"，构成"我能不能 V?"(如例[99])的句式，发话者请求应答者允许自己采取某行动，概括起来都属于请求。

[8]"可不可以给我留下你的电话?"

(马汉玉想了想)"好吧,给你留下电话,要是碰到什么为难的事可以找我,我能帮就帮你,犯法的事可不行。"

(王朔《橡皮人》)

[98]临别,王弘之说:"陈老先生能否赐墨宝给我?"

"好啊!"陈立夫爽快地一挥手,"你住在什么地方,留个地址吧。"陈立夫拿过王弘之地址,顺手从衣架上取下西装,往手弯一搁,与王弘之他们一起出来,握手告别。

(秦维宪、沈飞德《陈立夫情系大陆》)

[99]孩子问:"妈妈,我能不能出去玩一会儿?"

妈妈:"去吧。"

3. 附加问句

主语一般为第二人称"你",句末常用"好吗"、"好吧"、"好不好"构成形为"你给+sb. +V,好吗(好不好)?"的附加问句(如例[27])或形为"你陪(替)+sb. +V,好吗(好不好)?"的附加问句(如例[100]、[101])。

[27]她回头来对我说:明天我也不能去,你给你爸爸送点东西去好吗?

好的,妈。我去。你别哭了。

(潘虹《潘虹独语(连载之四)》)

[100]陪我们再游一次好不好?"……大家七嘴八舌地说着。

"可以,可以。"主席边笑边和我们一道下海。

(水静《在毛泽东的专列上》)

[101]康的妮说:"爸爸,我之所以能够获奖,与妈妈的辅导是分不开的,她居然猜对了作文的题目,我事先已经精心地写过一遍了,能不获奖?今天你替我请妈妈出去吃一顿饭吧,犒劳犒劳她。好不好?"

说话间，段莉娜已经回家，她来到了父女俩的面前，和颜悦色，方才的凶暴一点迹象都没有流露。康伟业自然也不能够流露出什么，他们在较量，谁都不愿意把女儿输给对方。康伟业说："<u>好哇，我听的妮的</u>。"

（池莉《来来往往》）

二、汉语中表达"要求"的规约形式

和"请求"不同的是，"要求"的发话者所处的地位比应答者的地位高，一般是发话者要求听话者提供物品或服务。表达"要求"的规约形式有三种：直接要求句、疑问要求句、零形要求句。

(一) 直接要求句

直接要求句通常包含"应该"义的施为动词，如"得"（例[102]）、"要"（例[103]、[104]），主语一般为第二人称"你"、"你们"。

1. "得"

[102]"这里闲人就剩丁小鲁了。"我看丁小鲁。

"好吧，那我就扮这搞评论的。"丁小鲁说，"<u>不过你得凑钱给我买点洋书看</u>。"

"<u>没问题</u>。"我说，"这样吧，咱们今天晚上就算是义赛，赢的钱全都捐赠给丁小鲁置洋炮。"

（王朔《一点正经也没有》）

2. "要"

[103]"那我就要一全活儿。你们先把我抓起来，然后严刑拷打。上什么刑到时候咱们再商量。最后，我死也不招，

把自首书撕得粉碎，<u>你们</u>恼羞成怒，把我绑赴刑场。我是烧死枪毙都要，先烧再枪毙，<u>还要沿途高呼口号</u>，冷笑着——视死如归。"

"<u>没问题，全满足您</u>，您最后再照我脸上吐口带血的唾沫也可以。"（王朔《你不是一个俗人》）

[104] 街道齐大妈拎着一篮子鸡蛋走进来，进门就挨个指着于观们扯着嗓门叫："你们几位都听着，我可告你们，后天是咱全国文明日，街道布置下任务了，<u>各单位都要上街载歌载舞，你们这文明专业户更不能落后</u>。"

"没问题，咱这片几条街的热烈气氛都归我们了。"于观笑说。（王朔《你不是一个俗人》）

[105] 甲：回国以后(要)<u>给我们写信</u>。

乙：那还用说。

(二)疑问要求句

通过问句来间接行使"要求"言语行为。态度不够谦逊，稍显傲慢。

1. 特殊问句

[106]"什么时候到你们那饭店吃一顿?"于观说。

"没问题，去就提我，绝对优惠。"

（王朔《你不是一个俗人》）

例[106]中的引发语"什么时候到你们那饭店吃一顿?"形式上是特殊问句，实际上表达了"我们想去你们那饭店吃一顿"的要求。

2. 反问句

[13]进门之后，他刚找地方坐下，跑堂的就过来说："这位

爷，我们这儿可不兴把羊牵进来喝茶。"

九爷说："我歇歇腿就走。羊又不占个座位，<u>怎么不能进？</u>"

柜台上坐着位少掌柜，是个新生牛犊，就说："<u>牵羊也行，羊也收一份茶钱！</u>"（邓友梅《那五》）

"怎么不能进？"原本表示的是一个观点"应该可以进"，但此处则间接表达了一个要求："我要牵羊进来。"掌柜的应答语 "也行"正好映证了上面的引发语是要求而不是观点，如果是表示对观点的认同，掌柜的应答语应该是"也行、也对"，而"也行"是表示对要求的勉强接受。又如例［107］也是对要求的接受，而例［108］则是对观点的认同。

［107］妈妈：啊?! 你今天打算穿那件从国外带回来的露背装!

女儿：<u>怎么不能穿？</u>现在国内也已经很开放了。【要求】

妈妈：<u>穿也行</u>，但必须披一件披肩。【接受】

［108］妈妈：啊?! 你今天打算穿那件从国外带回来的露背装!

女儿：<u>怎么不能穿？</u>现在国内也已经很开放了。【观点】

妈妈：<u>也对</u>，现在国内的人什么都敢穿了。【认同】

（三）陈述要求句

陈述要求句是指句中没有施为动词，也不属于特殊句类，仅通过陈述限制条件提出要求的句子，如例［109］、［110］。

［109］大头想了一想，等那五回来时，就对他说："你要学戏也行，一是进票房跟大伙一块学，我不单教；二是你可别出去说你是我的徒弟!"

那五说："<u>这都依您</u>，就这票房得出钱，我有点发怵!"

（邓友梅《那五》）

[110]"我们是按熟练工种五级工的工资标准<u>计费</u>，不足半天按半天收费，超过八小时要收加班费，另外误餐补助和夜班费一律按国家现行规定，外出乘车实报实销。"

"没问题，我如数付钱。需要几天你们就工作几天，她总不会一辈子想不开。"（王朔《顽主》）

[111]他决定先试一试这位艺术家。"秦先生，这座大厅咱们大家合用，楼上还有三间空房，你要就得都要，<u>一年一万块钱，一次交清</u>。"

妙斋闭了眼，"好啦，一言为定！我给爸爸打电报要钱。""什么时候搬进来？"丁主任有点后悔。交易这么容易成功，想必是要少了钱。（老舍《不成问题的问题》）

[112]男：<u>十二元，不卖拉倒</u>。

女：遇见你们这种人，真没办法，就依你吧。

三、汉语中表达"命令"的规约形式

汉语中表达"命令"的规约形式多为祈使命令句，针对第二人称。使用范围要求发话者和应答者之间的关系是：主人和仆人；经理和职员；警察和老百姓；上级和下级，等等。

主人命令仆人，如：

[113]金一趟对侍立一旁的杨妈说："<u>来三碗莲子羹，加点儿参……告诉小辈儿的都别走，等会儿一块儿吃顿团圆饭</u>。"

在这种非正式场合，杨妈可以说话了："是，是。老爷子您少说话，高兴也得悠着点儿……"

（陈建功、赵大年《皇城根》）

经理命令职员，如：

[114] 经理：去，<u>跟双双说</u>，别老让二位记者在这儿等着，

啊？白天的时间是她自己的。让他跟人聊聊。诶，偷着

跑了可不太合适啊。

喜子：<u>成，我跟她说</u>。放心吧。

经理：诶，对了，准备一下儿饭啊。

喜子：诶。

经理：别着急。(《编辑部的故事·歌星双双》)

官员命令百姓，如：

[115] 杨清民笑道：我办一件案子，这是当事人。<u>你们给我开</u>

<u>一个空房间</u>，<u>让她在这里住一夜</u>，<u>没有我的话，谁也不</u>

<u>让见啊</u>。

服务员忙说：<u>行行</u>，您就放心吧。打量了贺玉茹一眼，

就去开门了。(谈歌《城市警察(3)》)

上级命令下级，如：

[116] "填个表儿。"姑娘吩咐道："根据林副主席的一号命令，

<u>你们</u>一律要下去。"

"可以，可以。"张伯驹连连答应。

(刘军《张伯驹和陈毅的交往》)

四、汉语中表达"建议"的规约形式

这里我们讨论的【建议—接受】相邻对中仅涉及两个人，具体可描

述为：发话者 A 向应答者 B 提建议，应答者 B 接受建议并采取行动。引发语为建议，应答语为接受；需要把它和涉及三个人的【观点(建议性观点)—认同】区别开，后者应描述为：发话者 A 向 C 提建议，应答者 B 赞同或附和 A(该建议是使 C 有所行动)。在我们讨论的【建议—接受】相邻对中，引发语"建议"的规约形式包括：直接建议句、疑问建议句、祈使建议句。

(一)直接建议句

直接建议句中常含有"建议"、"提议"、"推荐"等施为动词(例子省去)。

(二)疑问建议句

疑问建议句的规约形式有四种："是不是"问句、是非问句、附加问句、正反问句、反问句。

1."是不是"问句

时态和人称都会影响"是不是"问句所表达的言语行为：当"是不是"问句用于将来时，主语常常为"咱们"，多用来表达建议，发话者为促成"建议"言语行为的顺利实施，常常选取"发话者和应答者一起"的视角，拉近和应答者之间的距离，在引发语中表现为主语通常为"咱们"，如例[29]、[117]。

[29]甲：对方已经开始让步了，咱们是不是把合同签了？

　　乙：好，是时候了，这事就交给你了。

[117]"白度，咱们是不是也该收拾一下，准备下车了？"一个魁梧高大的小伙子走进铺间，双肘搭在中铺对女子说。"啊，(咱们)收拾吧。"白度站了起来，看看窗外，对一个坐在下铺，正津津有味地翻看着一本装订简陋的马粪纸小册并比划着各种拳拳的瘦小个男人说……

　　　　　　　　　　　　　　　　　(王朔《千万别把我当人》)

当它用于现在时或过去时，主语常常为"你"，多用来表达猜测。

2. 是非问句

> [118]"要不咱再往前走走，到那边大街上找找。"马林生跟儿
> 子商量。"我都饿坏了。"马锐说，"咱们别走了，就在附
> 近随便找个个体的馆子吃得了。""那不行。"马林生不同
> 意，"吃就找一个像样点的国营集体去吃，个体馆子又
> 不卫生味道也差，都是对付人的，咱们这顿饭得吃得有
> 意义。"
> "<u>那我点个地方你带我去么？</u>"
> "<u>行呵</u>，你只要别点那些洋股份的呼完跟咱们收洋钱的
> 地方。""不会的。"马锐说，"我说的地方你肯定去得起，
> 而且你过去。""你说吧，哪儿呵？""你第一次请我妈吃
> 饭的地方。"（王朔《我是你爸爸》）

例[118]中的"那我点个地方你带我去么？"是较复杂的形式，是"那
我点个地方吧！"和"那你带我去那儿么？"的复合体，所以兼有建议和询
问的功能。

3. 附加问句

附加问句的后半部分为"好吧"（如例[24]）、"好吗"（如例
[119]）、"怎么样"（如例[120]、例[121]）、"你意下如何？（如例
[122]）"、"你说呢(如例[123])"；发话者多以应答者发话者和应答者
一起的视角为出发点，在引发语中主语表现为"你"、"咱们"。

（1）"好吧"

> [24]"善老，"方文玉有点抱歉的神气，"请原谅我年轻气浮，

明天万一太晚了呢? 即使和山木可以明天会商, 您这儿
总是先来一队人**好吧**?"

"也好, 先调一队人来," 包善卿低声地象对自己说。

(老舍《且说屋里》)

(2)"好吗"

[119]"我们从后门出去**好吗**?"他建议。

"(我)**听你的**, 我不熟悉。"

(方蕤《我和王蒙风雨同舟 40 年》)

(3)"怎么样"

[120]甲: 这次我请客, 下次你请, **怎么样**?

乙: 好, 一言为定。

[121]甲: 坐飞机去? 我看(咱们)不如坐火车, 又安全, 软卧
又舒服。**怎么样**?

乙: **也好**, 那就听你的。

(4)"你意下如何"

[122]"咱们等到抗日胜利了再结婚。**你意下如何**?"

"**你说得对, 我赞成**。我等着你, 一直等到结婚为止。"

(晓音《王树声大将和他的妻子杨炬》)

(5)"你说呢"

[123]诸所长 我再问问那个女工人, 就可以叫他们见面了。**你**

说呢?

平海燕 <u>我也那么想</u>。(老舍《全家福》)

　　附加问句的建议形式,有明确的征求意见的意味,而且明确指定了应答者,使第三人难以插话表示认同,这使得附加问句只出现在【建议—接受】相邻对的引发语中,而不能出现在【建议性观点—认同】相邻对的引发语中。

　　4. 正反问句

　　吕叔湘指出:"非问话式的建议和问话式的商量,语气的刚柔自然不同,但实际上是很容易转换的。"①如果句调略略上升一些,建议中即带有商量的口吻;句调略略下降一些,建议中即带有催促的意味。

　　在实例中,我们发现正反问句就是这种问话式商量的代表,发话者常常会在引发语中指定应答者,给应答者造成一种压力,迫使他在应答语中尽快表态是否接受建议,"好不好"(如例[124])、"行不行"(如由应答语可看出例[125]省去了"行不行"),也可以使用"V 不 V"(如例[9]中的"够不够")构成正反问句表示"建议",如:

　　　　[124]"这样你看<u>好不好</u>,明天上午我们去你家,弄个车,如果你东西没问题,我们马上拉走,当场成交。"

　　　　　　"可以,"小贩眼睛骨碌碌转几圈。"<u>这样好</u>,那我明天上午在家等你们。"

　　　　[125]"那——(咱们)就馅饼(<u>行不行</u>)?"

　　　　　　"<u>行,</u>(你把饼做得)油大点。"(阿成《刘先生》)

――――――――――

　　① 吕叔湘(1990). 中国文法要略[A]. 吕叔湘文集(第 1 卷)[C]. 北京:商务印书馆.

例[125]中"就馅饼?"为省略句,省去了主语"咱们",从应答语为"行"可以看出引发语还省略了正反问句"行不行"。

> [9]"没问题,一人一斤炒疙瘩够不够?"
> "让厨子多搁点盐差不多。"

5. 反问句

> [15]"冯老师是大忙人,我好容易才把他请来,他的很多经验和知识那是花多少钱也学不到的。这么一个难得的机会你们不珍惜么?"
> "好好,我们这就回去。"(王朔《你不是一个俗人》)

例[15]中,"这么一个难得的机会你们不珍惜么?"实际上表达的是"你们应该珍惜这个难得的机会"的建议。

> [126]甲:别争了,这次我请客吧。你要是觉得过意不去,下次你再请我不就行了?
> 乙:那咱们说好了:下周五晚上,咱们还在这儿,你把全家都带来。
> [127]"你就不能再找老爷子说说?"
> "听你的,我今儿就去访访老爷子!"徐伯贤说。
>
> (陈建功、赵大年《皇城根》)

(三)祈使建议句

1. 肯定形式祈使句,如:

[128]"那就搞沙龙，<u>买几套桌椅几斤茶叶</u>。"

"我也是这意思，如果大家没意见，我立刻就<u>着手办
了</u>。"杨重说。(王朔《一点正经没有》)

比较典型的有三类：

(1)含有能愿动词"要、得、该、应该"的祈使句。常常带有缓和语
气的副词"也"(如例[129]、例[130])、"还是"(如例[132])或动词重
叠来缓和语气(如例[133])。

[129]接着她抬起头来对我说："你<u>也要</u>想得开一点。"

我用力地点点头，说："我会想得开的。你可要保重身
体。"(余华《西北风呼啸的中午》)

[130]小杨说："首长(你)<u>也该</u>睡了。明天你要去胡桃峪，不
睡一觉还行？"

两人看了一阵，陈毅终于认输地笑起来："好，好，
(我)睡觉！(我)睡觉！你也该睡了。唤小吴起来值班。"

(邓友梅《我们的军长》)

[131]孟小樵：总而言之，你不肯出钱？

破风筝：不是"不肯"，是"不能"。您别忙，等我一成
上班，有了进项，我必定忘不了您的好处！

孟小樵：远水解不了近渴呀！三元，是不是？

向三元：喳！顶好有钱先拿出点来！

孟小樵：<u>这么办也行</u>，当着三元——他是地面上的能
人——咱们把话说清楚了。(老舍《方珍珠》)

[132]"我想你<u>还是</u>另寻一个老妈子好啦！"

"我也这样想，不过实际是困难的。"(萧红《烦扰的一日》)

[133]大卫：怎么回事儿？怎么到现在才来了两个。

秀梅：我再打电话去<u>催催</u>。

大卫：<u>就这样做吧</u>。(《北京人在纽约(电视剧记录)》)

(2)指派任务时的祈使句："我……，你……"(如例[134]、例[135])。

[134]甲：离表演还有四个小时，<u>我去准备服装，你们几个去布置场地</u>。

乙：<u>行，就这么着吧</u>，咱们分头行动。

[135]女人说："<u>你唱李彦荣，我唱裴秀英</u>。"

三少爷说："<u>依你，唱就唱</u>，不信唱不好还唱不孬。"

这类结构中发话者在引发语中已经指明了应答者"你"、"你们"，要求该应答者表态是否接受建议。

(3)末尾是"吧"字的祈使句：引发语中指定的应答者是"你"(如例[136]、[137])、"咱们"(如例[138])，也排除了让第三人插话表示认同观点的可能。如：

[136]男：大姐，(你)<u>买点黄瓜吧</u>，便宜卖了。

女：(我)<u>来两斤吧</u>。

[137]"您真的要谢谢俺?"

"<u>是呵</u>……"

"那……"老花农变得犹豫不决，然后他象下了决心那样地说，"<u>您就送俺一只您刻的烟斗吧</u>!"这时，他的表情既是一种诚恳的请求，也好像因为开口找人家要东西而不好意思，甚至挺窘。

"噢? <u>行! 没问题</u>，我给您去拿一只!"

(冯骥才《雕花烟斗》)

［138］甲：这次的合作就照咱们商量好的办吧。

乙：好，说定了，我们出钱，你们出师资，共同搞好这次培训。

2. 否定形式的祈使句，常常含有"不必"、"甭"、"别"等否定词。

表3-3　　　　　　　　　"接受"的引发语(一)

言语行为	表现句式	分 类		典型格式	
请 求	直接请求句			请/求(要、找)+你．+V	
	祈使请求句			请你帮 sb. +V	
				你+让+某人+V+某事	
	陈述请求句	直告事实			
		转述事实			
	疑问请求句	是非问句	"能"表示可能	"你能帮我吗?"	你能给我 V 吗?	能 V1+N+给 +sb. +V2 (动词重叠)吗
			"能"表示允许	我能 V(动词重叠形式)吗	
			正反问句	你可不可以给我 V?"	你能否 V 给我?	我能不能 V?
			附加问句	你给+sb. +V, 好吗(好不好)?	你陪(替)+sb. +V, 好吗(好不好)?	

续表

言语行为	表现句式	分 类	典型格式		
要求	直接要求句		得、要		
	疑问要求句	特殊问句	什么时候到你们那饭店吃一顿?		
		反问句	怎么不能进?		
	陈述要求句	没有施为动词，也非特殊句类	通过陈述限制条件提出要求		
命令	祈使命令句	主人命令仆人	来三碗莲子羹		
		经理命令职员	去，跟双双说		
		官员命令百姓	没有我的话，谁也不让见啊		
		上级命令下级	你们一律要下去		
建议	直接建议句	含"建议、提议、推荐"等词			
	疑问建议句	是不是问句	咱们是不是把合同签了?		
		是非问句	那我点个地方你带我去么?		
		附加问句	"好吧"、"好吗"、"怎么样"、"你意下如何?""你说呢"		
		正反问句	"好不好"、"行不行"，"V不V"		
		反问句	下次你再请我不就行了		
	祈使建议句	肯定形式	能愿动词"要、得、该、应该"	常用副词"也"、"还是"或动词重叠来缓和语气	
			指派任务	"我……，你……"	
			末尾是"吧"	买点黄瓜吧，便宜卖了	
		否定形式	否定词"不必、甭、别"		

五、汉语中表达"提供"的规约形式

英语语用学中将"提供"译为"offer"，我们认为汉语"同意"相邻对"提供"的目的是使应答者一方受益或有所获得，因此不必像"请求"引发语那样常必须使用礼貌客气的表达方式，"提供"引发语常常不带礼貌用语直接说出，最多只带简单的礼貌用语。汉语中表达"提供"的规约形式包括直接提供句、祈使提供句两类。

（一）直接提供句

含有"使应答者受益"义的施为动词，如"帮"（如例［139］）、"教"（如例［140］）、"让给"（如例［141］）、"给"（如例［142］~［143］）等。

a. "我帮你、我教你"

> ［139］甲：我认识好多大学生，<u>我帮</u>你找一个辅导吧。
>   乙：那就看你的了。

例［139］）看似是"建议"，但由于提供了具体的帮助，和一般意义上的"建议"不同，所以我们将其归入"提供"，并把"提供"单独作为引发语的一个类型，区别于建议、请求，等等。

> ［140］"慢慢来嘛，有<u>我教你</u>。"
>   "太好了，说话算数。我一直就想写小说写我的风雨人生就是找不着人教这回有了人我觉得要是我写出来别人一定爱看别看我年龄不大可经的事真不少有痛苦也有欢乐想起往事我就想哭。"（王朔《顽主》）

2. "sth. 让给你"

> ［141］原来搞了两个名额，我孩子一个，我姐姐孩子一个，后

来我姐姐孩子不去了，如果你们不嫌这个托儿所差，这
个名额可以<u>让给</u>你们，大家对门住着!"

小林和小林老婆都感到一阵惊喜。看印度女人丈夫的神
情，也没有恶意。小林老婆马上高兴地答："那太好了，
那太谢谢你了! 那幼儿园我们努力半天，都没有进去，
正准备去居委会的呢!"(刘震云《一地鸡毛》)

3. "给+某人+V"

[142]"你这个蠢宝哎，细妹子是你的小名，就像我的小名叫
钟伢仔一样，可我还有个大名彭得华。你没有大名，我
<u>给你</u>取一个，就叫刘坤模。坤，女者为坤。坤模就是女
中英模的意思。这个大名很好咧! 你懂不懂?"

"好，就听你的，叫刘坤模。"

(姚文奇《彭德怀与他的原配刘坤模》)

[143]"你会游泳么?""不会。我怕水，总也学不会。你会么?"

"哪天表演<u>给你</u>看。"

"那太好了，哪天我落水你就可以救我了。"

(二) 祈使提供句

1. 提供承诺

提供的承诺可能是无条件的，如例[82]:

[82]倒是金枝突然想起了什么，收住脚步，看了看张全义，
说："哦，对了，有一件事我倒要求你帮我。"

"你说，<u>我一定办，一定办。</u>"张全义道。

"<u>是啊</u>，你不难办。"金枝冷冷一笑，从衣袋里拿出一把钥

匙。"给，陈玉英家的钥匙。走得急，忘了还她啦！……
说不定本来就是你的，还你吧！"

（陈建功、赵大年《皇城根》）

也可能是有条件的承诺，如例[144]：

[144]卢小波事后说他以为真是人命关天的大事，觉得不管自己
　　　明白不明白，救人命总归是要紧的。更兼卢小波自幼也读
　　　过一些杂书，深知"救人一命胜造七级浮屠"这一说。
　　　于是他忙不迭地点头，说："只要我能做到的，我一定
　　　救你。"
　　　大维说："那好，君子一言既出，驷马难追。"

（方方《一波三折》）

2. 提供方案

[145]"我把弦上满些……请你相信……"
　　　"不，我不放心。"赵双环知道肖志君是不会同意的，于
　　　是就改用严肃、坚决的口吻说："明早广播再不响，你
　　　我都要挨批评。就这么办！"
　　　肖志君不敢坚持了："那，随你的便吧。"

（叶蔚林《蓝蓝的木兰溪》）

3. 提供理由

引发语和应答语之间在语义上构成因果关系，构成篇章衔接，引发
语提供理由，应答者相信发话者提供的理由做出决断，如例[146]~
[149]。

[146]甲：我怕水，也晕船。

乙：那就坐火车去吧。

[147]甲：听说"黄金周"期间机票和酒店都很紧张。

乙：那就早点定吧。

[148]甲：这么热的天儿，一出门儿还不给烤化了！

乙：那就傍晚再去吧。

[149]甲：我最不喜欢周末逛商场了！

乙：那你就别去了。

六、汉语中表达"邀请"的规约形式

表达"邀请"的规约形式有三种：直接邀请句、祈使邀请句、疑问邀请句。

(一) 直接邀请句

直接邀请句一般含有"请"（如例[150]）、"接"（如例[151]）、"约"（如例[152]）等施为动词，可以由这些动词看出引发语行使的是"邀请"的言语行为。

[150]我说：我当然也请你们喝酒。

骑手们嚷道：好哇，好哇！（池莉《让梦穿越你的心》）

[151]"干嘛？你是真不知道，还是假不知道？接你出去玩啊。"

"好啊，去曼哈顿，或者去……"（朱文《我爱美元》）

[152]俞启威鼓足勇气试探地说："李小姐，我想在星期天约你到海滨公园玩，不知你肯不肯赏光？"

李云鹤惊喜地说："好啊，什么时间？"

（王素萍《她还没叫江青的时候》）

(二) 祈使邀请句

祈使邀请句形式上是不含"邀请"义施为动词的祈使句。

通过动词重叠形式, 比如"尝尝"、"坐坐"、"看看"等委婉地表达邀请, 使邀请得以顺利实施, 如例[153]:

> [153] 儿媳庞喜英(时纯利妻子)端着洗得洁白的藕块、削皮的茄瓢、鲜嫩的辣椒、白生的葱条, 过客厅去厨房做菜。
> "光美同志, 今天你来我们家作客, 我们不用山珍海味、大鱼大肉招待你, 就叫你尝尝我们山东的地方菜!"
> "好哇, 这样我心里更觉踏实!"
>
> 　　　　　　　　　　　(张兴廉《甘苦与共两夫人》)

在汉语中, 提示语"来"用来提请应答者注意, 后面常常引出"邀请"的言语行为。如例[154]:

> [154] 甲: 来, 尝尝我做的家乡菜。
> 乙: 好, 那我们就不客气了。

发话者常选取以发话者和应答者出发的共同视角(多用"一起")以促成"邀请"言语行为的顺利实施, 在形式上表现为引发语的主语为"我们"、"咱们"(如例[155])、"我和你"。

> [155] "回来吧。回来吧。"我对肖超英说, "回来咱们一起开公司。"
> "行啊,"肖超英盯着花瓶里的一束绢花, "应该能赚钱吧?"(王朔《过把瘾就死》)

有时将提示语"来"和"以发话者和应答者为出发点"的手段组合起来使用，如例[156]：

> [156]有了这样一位严肃的"小妹妹"在旁边写颜字，惹得郭沫若兴味盎然，陪着她一连写了几天大颜字。
>
> "要练就一手好颜字，最好先临摹《颜家庙碑》方是正宗。来，立群，我和你一起临摹!"
>
> "好的，"于立群悬肘含笑说："我先写这一笔——"
>
> （桑逢康《郭沫若和他的三位夫人》）

例[156]中，提示语"来"和"我和你"组合使用，使引发语的说话意图——"邀请"表现得更加明显。

从一定意义上说，邀请可以算作广义建议的一种，但又具有其特殊性：邀请听话人和自己一起参与，而不是就某一个问题单纯做出自己的建议供听话人参考。

（三）疑问邀请句

疑问式的邀请引发语常常用动词的重叠形式凸显礼貌。

1. 是非问句

是非问句用做邀请引发语时，句中经常出现的动词重叠形式，如例[157]、[15]。

> [157]学期中途，经济学课程图表把李效黎难住了。林迈可单独给她补了好几次课。当补完最后一课，临告辞时，他忽然问："你想听听音乐吗?"
>
> "好的，我很想听听。"她听到自己急不可待的声音，心里不觉一震。（石湾《林迈可的中国情缘》）
>
> [15]甲：听说附近又新开了一家超市，什么时候咱们去看看?

听说附近又新开了一家超市，什么时候咱们去看看乙：
好哇，说去就去。

2. 反问句

反问句用做邀请引发语时，句中也常出现动词重叠形式，如例
[16]：

[16]"您不想再去看看吗?"曲强问分局长。

分局长"啊"了一声："我去当然也可以，那我们就再去一
趟。"(王朔《人莫予毒》)

3. 正反问句

"你想不想一起去 V?"(如例[158])、"愿不愿意去……啊?"(如例
[7])。

[158]甲：你想不想和我们一起去看足球比赛?

乙：还用说，我是个球迷啊。

[7]"你很会做嘛，愿不愿意到我的餐厅去掌勺啊?

"行，给多少钱吧?"(王朔《无人喝彩》)

表 3-4　　　　　　　　　　"接受"的引发语(二)

提供	直接提供句	施为动词(帮、教、让给、给)	我帮你、我教你
			东西让给你
			给+某人+V
	祈使提供句	提供承诺	你说，我一定办，一定办。
		提供方案	就这么办
		提供理由	引发语和应答语之间在语义上构成因果关系

邀请	直接邀请句	施为动词（请、接、约、光临寒舍）	我当然也请你们喝酒
	祈使邀请句	不含施为动词	动词重叠委婉表达邀请："尝尝"、"坐坐"、"看看"
			用"我们"、"咱们""一起"来表达共同视角
	疑问邀请句	是非问句	动词重叠委婉表达邀请：你想听听音乐吗？
		反问句	动词重叠委婉表达邀请：你不想再去看看吗？
		正反问句	你想不想一起去 V？ 愿不愿意去……啊？ 肯不肯赏光？

第四节 小 结

充当引发语的"观点"分为"主观性观点"、"事实性观点"两大类，这两类引发语通常分别对应不同的规约形式：主观性观点的规约形式包括直接观点句、陈述观点句、反问观点句；事实性观点的规约形式包括现在事实句、过去事实句。

充当引发语的"猜测"分为"直接猜测"、"陈述猜测"、"疑问猜测"三大类。直接猜测的规约形式包括"看"类和"说"类；陈述猜测的规约形式包括采访体对话中和非采访体对话中两大类；疑问猜测的规约形式包括只带副词标记、只带句调标记的疑问句、兼带副词和句调标记的疑问句。

与"接受"相对应的引发语有"请求"、"要求"、"命令"、"建议"、"提供"、"邀请"六类，其中它们对应的规约句类：

"请求"的规约形式：直接请求句、祈使请求句、陈述请求句、疑问请求句。

"要求"的规约形式：直接要求句、疑问要求句、陈述要求句。

"命令"的规约形式：祈使命令句。

"建议"的规约形式：直接建议句、疑问建议句、祈使建议句。

"提供"的规约形式：直接提供句、祈使提供句。

"邀请"的规约形式：直接邀请句、祈使邀请句、疑问邀请句。

表 3-5　　　　　　　　　　引发语的规约形式（总表）

（1）观点	主观性观点	直接观点句		
		陈述观点句	单句	主观判断
				主观评价
				表达意愿
			复句	条件复句
				因果复句
		反问观点句		
	事实性观点			
（2）猜测	直接猜测句			
	陈述猜测句			
	疑问猜测句			

		直接（含施为动词）	陈述	疑问	祈使
（3）接受	请求	✓	✓	✓	✓
	要求	✓	✓	✓	
	命令				✓
	建议	✓		✓	✓
	提供	✓			✓
	邀请	✓		✓	✓

第四章　汉语"同意"应答语的表现手段

　　言语交际中表态是一种很常见的言语表达，其中表同意的表达极为普遍，汉语中表示同意应答的表现手段丰富多样，二语学习者在掌握了初级的语言能力，进一步培养语言交际能力过程中，如何选用汉语中适合而丰富的语言形式表达自己的同意态度是个值得研究的问题。

　　正如在第一章第四节"选题缘由"（应用研究方面的思考）中我们谈到的，汉语 HSK 听力考试中，短对话是常用的测试方式，在听此类对话时，首先要听懂第一个人在说什么，其次要注意第二个人是表示同意还是不同意，除了"同意、是、好"以外，汉语为母语者表示"同意"的方式还有很多，在语言交际能力的培养过程中，二语学习者用汉语表达同意态度的方式往往只停留在有限的手段上，在帮助二语学习者获得根据不同的对象和场合做出适合而丰富的同意应答能力之前，必须帮助他们了解汉语中表达同意的应答语手段到底有哪些，本章的研究目的即在于此。

　　如前所述，汉语对话中能引出"同意"应答语的话语，语义上总是与"同意"应答语构成像"观点-认同"、"猜测-确认"、"请求①-接受"这样位置相邻、语义相衔接的"同意话语对"②，会话分析理论将这样的

---

　　①　"接受"应答语的引发语可以是"请求"、"要求"、"邀请"、"建议"、"提供"五种（参见张治，2009）。

　　②　"同意相邻对"的概念及分类将另文详述（参见张治，2009）。

"话语对"称之为"相邻对(adjacency pair)①"。发话者所说的话称为引发语,应答者的回答称为应答语。

本章将从形式上归纳出汉语表示同意的应答语的表现手段(不涉及礼貌原则)。汉语同意相邻对中同意应答语从回答的方式上可以分为两大类:直接形式的同意应答语和间接形式的同意应答语。

我们把那些不需推导,直接从字面上就能明显让人感知出应答者的同意态度的语言成分叫做同意态度的"优势标志",它们形式多样,具体包括四种:独词句、准熟语句、表态词和规约语,常常出现在同意应答语的开头部分。

根据表达同意态度的方式,同意应答语可分为两类:直接形式包括优势标志独用、优势标志合用、优势标志+词汇重复、词汇重复的独用;间接形式包括通过反问表达同意、通过复句关系衔接表达同意。

第一节　直　接　形　式

一、优势标志独用

(一)独词句(由词构成)

独词句分为两组:一组包括"好"、"行"、"可以"、"成"(表示接受);"对"(表示确认或认同)、"是"(表示确认或认同)的独用、迭用(包括间断迭用和连续迭用)以及它们各自与语气词"啊"、"呀"、"吧"、"的"的组合。

另一组包括副词"确实"、"的确"、"真的"、"肯定"、"当然"。由于前四个副词常常修饰表示确认或认同的动词"是",而副词"当

---

① "相邻对"的概念。(参见 Levinson,1983)

然"常常修饰表示接受的"可以",使得这些副词独立性增强,成为一组特殊的"独词句",和普通的独词句一样,可以独用、迭用或与语气词组合。

有些研究者将叹词"嗯"、"啊"、"哦"等也作为优势标志的独词句,本书认为这些叹词只是用来表示应答,并不能表明同意态度。

1. "好"、"行"、"可以"、"成"(简称"好"类词)、"对"、"是"①

(1)独用

"好"类词的独用,用来表示接受;"对"的独用,用来表示确认或认同;"是"的独用,用来表示确认或认同。

(2)迭用

间断迭用:如"好,好,……"、"可以,可以,……"用于对请求或要求的接受;"是,是,……"用于对要求的接受(仅限于发话者和听话者为主仆关系)。

连续迭用:如"好好,……"用于对要求的接受。

(3)与语气词"啊"、"呀"、"吧"、"的"组合

"好啊、好呀、好的、好吧"用于对邀请、请求、要求的接受。

"行啊、行呀"的独用、迭用用于对要求、提供、邀请、请求的接受。

"对啊、对呀"的独用、迭用用于对猜测的确认,或对观点的认同。

"是啊、是呀、是的"的独用、迭用用于对观点的认同。

2. 副词"的确"、"确实"、"真的"、"肯定"、"当然"

"的确"后面常常省略掉"是",用于对事实性观点②的认同。

"确实"用于对猜测的确认。

"当然"独用有两种情况:当后面常常省略掉"可以"时,"当然"用

---

① 凡本书出现的同意表达手段均有实际语料对应(参见张治,2009)。鉴于本书篇幅有限,只能选择性举例。

② "对观点的认同"根据引发语的不同,还可以细分为主观性、事实性、建议性、评价性、怨责性、猜测性观点六类,具体将另文详述。(参见张治,2009).

于对请求的接受；当后面常常省略掉"是"时，"当然"用于对猜测的确认。

"当然"迭用时，"当然，当然，……"用于对请求的接受；"当然当然，……"用于对观点的认同；"当然啦"用于对猜测的确认。

(二)准熟语句(由词组构成)

1. 与"对"的意思相同的词组"不错"、"没错"；与"可以"意思相同的词组"好说"

"不错"用于对事实性观点的认同。

"没错"的独用：用于对主观性观点的认同、对猜测的确认。

"没错"的迭用：用于对主观性观点的认同、对猜测性观点的认同。

"好说"的独用：用于对建议的接受。

2. 表示评价的"说"+补语

"说得对"、"说得好"、"说得是"用于对主观性观点的认同。

"说对了"和"说着了"用于对猜测的确认或对评价性观点的认同。

3. 带有语气情态的副词和"好、行、是、对"连用

第一，缓和语气的副词"也"，后加"好、行、成、可以"；"是、对"。

"也"与"好、行、成、可以"连用，组成"也好、也行、也成、也可以"用于对建议、请求的接受；与"是、对"连用，组成"也是、也对"用于对观点的认同。

"倒"可以与"也"构成的以上结构组合，组成"倒也行(成/可以)"用于对建议、请求的接受，"倒也是(对)"用于对观点的认同，"倒也是"类应答语的强制要求"预期"的存在，指的是说话人在用"倒也是"类应答语的进行应答时，肯定持有一个或言明或隐含着的观点。"倒是、倒对"单独不能用；"倒"与"还"与"好"类词连用时，前面常加"那"，组成"那倒还行(成、可以)"用于对建议、请求的接受，没有"那倒还好"。

第二，评价语气的副词"太"，后加"好"或"对"。

"太好了"用于对邀请、邀请的接受，"太对了"用于对观点的认同。

第三，强调语气的副词"就"、"真"，后加"是"。

如"就是"的独用和迭用、"真是"、"还真是"都用于对观点的认同。

第四，勉强语气的副词"算"，后加"是"。

"就算是"用于对猜测性观点或评价性观点的认同。

4. 反问形式凝固成习语

"还"用在"说、问"类反问句中："还用说/问"可以用于对猜测的确认，对观点的认同、对要求或邀请的接受；

"可不是"类的否定式反问句，用于对观点的认同：如"可不"、"可不是"（独用、迭用、与语气词"嘛"结合成"可不是嘛"）、"谁说不是呢"、"可不咋的"；"谁不+V"。

5. "这、那"与前面四项的连用

这、那的指代义较虚：我们认为，对话语体中用做应答的"这那倒是"并没有发生词汇化，"是"是形容词而不是动词，用做应答的"这那倒是"是由指代词"这那"+转折义副词"倒"形容词"是"所形成的"主—谓"格式发展而来的。与"倒也是"不同，"这那倒是"中的"倒"是转折义副词而不是语气副词，转折义的"倒"在语义上需要进行"对比"的对象，对话语体中，"这那""这那"所代表的正是"对比"的一方，一旦省略，语义变得很不明确而产生歧义还具有了连接的作用，而这两点大概就是"这那倒是"中的"这那"不能省略的原因。"这那倒是"实际上具有了"习语化"的倾向，我们通常作为一个整体来使用，通常"这那倒对"、"这那倒不错"的用法比较少。如果从这个角度理解，"这那倒是"倒是可以理解为产生了固化。

（1）那+独词句："好、行、是"（不能和"对"组合）；那好、那行、那是。

（2）那+准熟语句：

①那+语气情态副词+"好、行、是、对"

如：那太好了、那敢情好、那敢情太好了；那倒还行、这倒是。

②那+反问句凝固习语

如：那还用说/问、那可不是。

（三）表态词

出现在同意应答语中的表态词有："同意"、"赞成"、"理解"、"相信"、"服了"等动词，或短语"没意见、我看+是、对、"好"类词（好、行、成、可以）。

如：用于对观点的认同，"我同意"、"我赞成"、"我相信"、"我理解"、"我是没意见的"；用于对请求的接受，"我服了你了"。

（四）规约性同意应答语

1. 表示"认同"的应答语

面对发话者的称赞，用"彼此彼此"认同发话者的评价性观点，如：

[159]女：来得好早！

男：彼此，彼此。

或者用回赞的方式来认同发话者的评价性观点。

[160]A：你今天穿得真漂亮！

B：你的衣服更漂亮，在哪儿买的？

2. 表示"接受"的应答语

接受礼物时的"客气"规约语："让你破费了"、"你客气什么"、"那我就不客气了"。

接受建议、请求、邀请时：

"许诺"规约语：听你的、依你的；没问题、不成问题、没的说、放心吧。

3. 表示"感谢"的应答语

> [161] 女：外面热，快进屋歇歇吧!
>
> 男：谢谢!

4. "听任"规约语：随你的便。

5. "约定"规约语：说定了、说好了、一言为定。

二、优势标志+优势标志

1. 独词句+独词句

和"是、对、行、好"共现的应答词语有"当然，确实、可以、成"，从我们掌握的实际语料中常出现的包括"对，当然了"（用于对猜测的确认）；"对，确实"（用于对观点的认同）；"好，可以可以"（用于对请求、建议的接受）。另外，还有叹词和独词句的组合，如"嗯（噢），好。""嗯，当然。"

2. 独词句+准熟语句

如："是的，就算……"（用于对观点的认同）；"对，没错"（用于对猜测的确认）。

3. 表态词+准熟语句

如："我同意，就算是……"

4. 独词句+规约性同意应答语

如："好，我听你的"（用于对要求或命令的接受）；"好的，一言为定"（用于对邀请的接受），还有叹词和规约性同意应答语的组合，如"嗯，听你的。"（用于对要求的接受。）

三、优势标志+重复

根据后续部分的构成方式，分为以下两类。

(一)优势标志+词汇重复部分

1. 优势标志+词汇的同形重复

优势标志+词汇的同形等量重复。(应答语在信息量上与引发语是等值的。)

如："是是，同形等量重复"用于对猜测的确认或对评价性观点的认同。

[162]"你们是不是特自卑?"

"是是，我们特自卑。"(王朔《一点正经没有》)

优势标志+词汇的同形增量重复。(应答语在信息量上，与引发语相比，有所增加。)

如："对(是/当然)，同形增量重复"用于对猜测的确认。

2. 优势标志+词汇的异形重复

优势标志+词汇的异形等量重复分为同义词替换和代词替换。

同义词替换：

"对，异形等量重复"用于对事实性观点的认同。

[163]乙：(中国人爱情)什么特点?

甲：都是偷偷摸摸的。

乙：对。比较含蓄。(《马季表演相声精品集·看电视》)

例[163]中，"偷偷摸摸"和"含蓄"意义相近，引发语和应答语是同义异形等量重复的关系。

代词替换：如"这样儿"、"这么"。

"是是，我是这样儿"（用于对观点的认同）；"行，就这么着"（用于对命令的接受）

[134]甲：离表演还有四个小时，<u>我去准备服装，你们几个去</u>
　　　　<u>布置场地</u>。

　　　乙：行，就<u>这么</u>着吧，咱们分头行动。

优势标志+词汇的异形增量重复。

[164]甲：<u>女方要求婚礼在五星级饭店举办</u>，我已经同意了，
　　　　你看呢？

　　　乙：行，一辈子就这么一回，就<u>这么</u>着吧。

例[164]中的应答语，用"这么"重复"婚礼在五星级饭店举办"的意思，并且增加了"这么着"的原因（"一辈子就这么一回"）。

(二)优势标志+句子重复部分

优势标志+这+就+词汇重复的部分：如"好，这就去"。
优势标志+那+就+词汇重复的部分：如"嗯，那肯定了。"
优势标志+那+反问句：如"嗯，那还用说"。

四、仅用重复

脱离引发语，单看应答语不能让听话者感受到应答者的同意态度。必须把引发语和应答语结合起来，才能知道应答语表达的是对引发语的同意态度。不含优势标志的同意应答语包括：直接手段和间接手段。其中直接手段主要是指应答语通过词汇重复或反问句的形式来与引发语衔接，笔者从对实际语料的调查中发现，"同意"应答语的表现手段很多

采用了重复实现话语衔接的手段，比如"指称关系"：在"同意"应答语中就经常出现指代词"这、那"指称上文，将交际双方的话衔接在一起（黄国文，1988①；郑贵友，2002）；又如"词汇衔接"：可用同形重复、异形重复表示同意。

（一）词汇的同形重复

第一，同形等量重复

1. 独用：应答语直接重复引发语中的某一部分，用来表示对观点的认同（如例[21]）、对猜测的确认（如例[165]）、对建议的接受（如例[166]）。

> [21]李嫂没走，在桌边坐着，还说："怎么样，我炒的韭菜炒蛋味道<u>不错</u>吧。"
>
> 小芹说："<u>不错</u>。"（刘国芳《刘国芳小小说三篇》）
>
> [165]男：也是<u>一个人</u>？
>
> 女：<u>一个人</u>。
>
> [166]"嘿，他来劲了。"马青看着杨重说，"咱们是不是<u>得治治他</u>？"
>
> "<u>得治治</u>。"杨重说。

2. 迭用：用来表示对观点的认同，比如对猜测性观点的认同（如例[167]）、对评价性观点的认同（如例[168]）。

> [167]"你这得算<u>高论</u>吧？"一个戴眼镜的男青年说。
>
> "<u>算高论算高论</u>。"马青替我回答。
>
> [168]我常常教导她："你理论虽懂，可<u>实践太少</u>。"
>
> 她连连点头称是："<u>实践太少，实践太少</u>。"

---

① 黄国文(1988). 语篇分析概要[M]. 长沙：湖南教育出版社.

3. 进入固定结构"A 就 A 吧"、"说 A 就 A"、"不想 A 就不 A"，主要用于表达"接受"类同意。

"A 就 A 吧"用于对提供、建议、请求的接受：

［169］A：我这儿可没什么好吃的，只有方便面。

　　　　B：方便面就方便面吧，总比饿着好。

"不想 A 就不 A"用于对请求的接受：

［170］"说来话长，我今天不想说。"司徒聪相当地矜持，"那话说起来很痛苦的，以后……"

　　　　"不想说就不要说了。阮琳你也是，老问人家疼处干嘛？"

"说 A 就 A"用于对建议的接受：

［15］甲：听说附近又新开了一家超市，什么时候咱们去看看？

　　　乙：好哇，说去就去。

第二，同形增量重复

1. 副词"真、太、确实、是、肯定、当然"+同形重复，主要用于对观点的认同，如例［18］。

2. 同形重复+得+程度补语：用于对猜测的确认或对评价性观点的认同，如例［22］。

3. 同形重复+就对了：用于对主观性观点的认同。

［171］"啊，我们香港和大陆台湾两地的情况都不一样。"

　　　　"不一样就对了。赶紧巴结我们离台湾远点儿，否则看我们怎么收拾你。"（王朔《一点正经没有》）

4. 比+同形重复+更+adj.：用于对猜测的确认。

[172]（女）：妈让我来问问，你是不是又跟嫂子吵架了。

（男）：比吵架更糟，我们在冷战。

(二) 词汇的异形重复

第一，异形等量重复

在应答语中，用指代词"这样、那样"、"这么、那么"、"这个、那个"替换引发语的某个部分，前面加上动词"有"、"是"或强调副词"就"。出现在应答语的宾语或主语位置上，用于对观点的认同或对猜测的确认。

1. 是这样、像这样(=如此)、这样好

"是这样的"、"但愿如此"、"这样好"都用于对观点的认同或对猜测的确认。

[173]曹：有的时候，你甚至根本就舍不得卖。

吴：是这样的，不希望把它卖出去，因为这是你情感的一部分。

[174]"小川同志，你不必过分紧张。多少风浪你都经过了，这次，想必也会平平安安。"

他苦笑着说："但愿如此。"(金凤《郭小川的秋天》)

[175]"既然咱们主题表达不清，索性不要它了，就叫全国人民总动员委员会，总动员什么不知道。

主持人笑嘻嘻地说，"这样好，我同意老赵的意见。"

(王朔《千万别把我当人》)

2. 是/有/就+这么、那么+回事/意思

"是这么(那么)回事"、"有那么点儿意思"、"就那么回事"用于对猜测的确认或对观点的认同，前面常有一些具有提示作用的插入语，如"我就知道"、"我说怎么"、"难怪"，如"我就知道，是这么回事"、"我说怎么这么+adj."、"难怪这么+adj."。

3. 是/有/就+这个、那个+N

应答语中用"这个"、"那个"来指代引发语的一部分，可以构成的结构有："有这个问题(印象、志气、可能、意思、毛病、姑娘、原因)、有那个意思、是这个意思"等，大多用于对猜测的确认。

第二，异形增量重复

应答者对发话者的附和除了使用到了异形重复，同时还可通过副词、带"程度补语"的述补结构或转折句来增加信息量。

1. 前附信息+异形等量重复

前附信息分为两种：一种是语气副词，以强调语气副词为主，如真、确实、是、可、肯定等；另一种是"类同"义的副词"也"，这两类都用于对观点的认同。

以"也+异形等量重复"为例。

如：也+V：

[176]A：你可真有眼力，买的这件衣服又时髦又便宜。

　　　B：我也觉得挺满意的。

如：也+ 这样/那样 +V("想"、"觉得")；

如：也 + 这么/那么+V("说"、"想"、"打算")；

2. 异形等量重复+后附信息

前附信息分为两种：当异形重复部分为词时，如果是形容词，后附信息部分多为"得+程度补语"；如果是动词，后附信息部分为数量短语；用于对观点的认同或请求的接受。

[177]男：这小家伙，<u>一点就透</u>，从不用费劲儿。

　　女：小家伙<u>聪明着呢</u>。

[136]男：大姐，<u>买点黄瓜吧</u>，便宜卖了。

　　女：<u>来两斤吧</u>。

当异形重复部分为句子时，后附信息部分为连词"可是"引出的转折句，用于对猜测的部分确认。

[178]甲：听说你<u>找到工作了</u>？

　　乙：我联系了<u>一家出版社</u>，<u>一家旅行社</u>，可不知道哪家更有发展，所以一直举棋不定。

第二节　间　接　形　式

一、通过反问句与引发语构成话语衔接

1. 肯定式反问句：可以用于对观点的认同；认同引发语的前提，另外通过反问句表达增量信息。

[31]"你这人怎么那么小心眼呵？"（＝你这人很小心眼。）

　　"<u>你才发现呵</u>？"（＝我是小心眼，你应该早发现我小心眼。）

（王朔《过把瘾就死》）

2. 否定式反问句：可以用于对猜测的确认，确认引发语的前提，再通过反问句表达出增量信息；还可以用于对请求的接受。如"不该 V 吗？"用于对猜测的确认（见例[23]）；"不说你说谁呀！"用于对猜测的确认（见例[179]）。

[23]阿春：你恨我，对吗？

　　宁宁：<u>不该恨吗</u>？＝（表示确认：我恨你，而且应该恨。）

　　　　　　　　　　　　　　　　　（《北京人在纽约》）

[179]男：你这是说我呢？

　　女：<u>不说你说谁呀</u>！＝（表示确认：我是在说你，不是在说别人。）

应答语不是通过词汇重复或反问句这类显性的衔接方式表达同意，而是与引发语构成深层的广义复句关系来表达同意态度，于聂（2007）认为，广义的复句关系包括广义的并列关系和广义的因果关系两类。其中广义的并列关系又包括顺接关系和换言关系；广义的因果关系又包括因果关系、条件关系、解说关系和逆转假设关系等。

二、通过与引发语构成复句关系来实现话语衔接

(一)应答语和引发语构成广义的并列关系

1. 顺接关系

应答语是应答者直接顺着发话者的话往下说出的，可以将引发语和应答语合并为顺接复句。

应答者暗中认同发话者的观点后，在应答语中补充引发语的内容，如例[180]、[181]。

[180]孙国仁笑了，意味深长地瞅了刘顺明一眼："赵老喜欢诗词，我看就让他专心研究诗词岂不更好？"

　　刘顺明也笑了："养养花喝喝粥，多活几年，那些操心劳神的事就让年轻人多干干吧。"（王朔《千万别把我当人》）

[181]"就是，摆架子绷块儿谁不会？有真才实学的人从不表

现自己，总是默默无闻。"

"譬如你。"阮琳笑着瞅我。（王朔《痴人》）

应答者暗中接受发话者的要求或请求后，在应答语中给出行动或在默认的基础上由此提问，如：

> [182]"那多不好，你不能再找一个人么？你们邻居有没有还
>   没睡的，给叫来。"
>   "我去敲门试试。"丁小鲁站起说。（王朔《顽主》）
> [183]甲：你有中文书吗？借给我看看。
>   乙：有的是，你想看哪一种？
> [184]女：最近手头方便吗？
>   男：多少？

我们把引发语命题看作 p，应答语命题看作 q，其衔接关系如下：

$$\left[\begin{array}{l} P \\ (P,)\,q \end{array}\right.$$

2. 换言关系

> [185]"我是什么人，还用别人教我坏？路上的坏人见了我都
>   要叫师傅。
>   "那你是大坏蛋了。"
>   "这么说吧，不锈钢挨上我立刻滋滋地锈。"
>
>   （王朔《橡皮人》）

引发语和应答语的关系可用公式表示为：

$$p = q$$

(二)应答语和引发语构成广义的因果关系

1. 因果关系

(1)引发语为因,应答语为果

应答语可以看作由引发语得出的推论,应答语开头常有一些标志,如"那就……"、"所以"、"听你这么一说,真……"、"以后 V 呀,就得……"等。

a. "那就……":听话人在同意或接受说话人观点的基础上,顺着引发语往下,给说话人提出建议。

对事实性观点的认同:

[146]甲:我怕水,也晕船。

乙:<u>那就</u>坐火车去吧。

对主观性观点的认同:

[186]男:大小还可以,样式也不错,就是颜色太暗我不喜欢。

女:<u>那您就</u>再换件颜色亮一点儿的。

对请求或要求的接受:

[187]甲:太便宜了吧?

乙:<u>那就</u>再加五毛。(周大新《走廊》)

b. "所以,……"

表示同意的时候,出现在应答者的话语开头,如:

[20]"我是关心你。<u>我怎么不去管大街上那些野小子在干吗?</u>

谁让你是我儿子的。"

"**所以**呀，我也没说别的，要是换个人给我来这么一下，我非抽歪他的嘴。"(王朔《顽主》)

隐含关系可以表示为：

$$\left[\begin{array}{l} P \\ （因为 P,）所以 q \end{array} \right.$$

(2)引发语为果，应答语为因

应答语可以解释引发语陈述的观点之所以存在或发生的原因，进一步认同引发语所述的观点。可以表示对三类观点的认同：对评价性观点的认同(见例[188]～[189])；对猜测性观点的认同(见例[190])；对事实性观点的认同(见例[191]～[193])。

[188]A：您越来越硬朗了。

B：就靠天天锻炼了，我每天早上都打打太极拳，跑跑步什么的。

[189]甲：真看不出来，他跑得那么快！

乙：告诉你，他可是我们学校的短跑冠军呢！

[190]女：你俩好像很熟啊！

男：我们是多年的好友。

[191]男：我看见外面好多人打着伞。

女：大概下雨了。

[192]甲：这里很多人都不认识他。

乙：他是刚搬来的。

[193]男：小张果然考得不一般。

女：功夫不负有心人嘛！

隐含关系可以表示为：

$$(\text{所以 } P,) \left[\begin{array}{l} P \\ \text{因为 } q \end{array} \right.$$

2. 条件关系

[194]"你对公安局的信任态度我们很感动。"警察说，"其实没
什么大不了的，我们找你是想找你了解点情况。"
"只要我知道。"我拍拍胸脯。（王朔《玩儿的就是心跳》）

例[194]中，应答语可以结合引发语变换为："只要我知道的，你
们要了解的情况我都会告诉你们。"

[9]"没问题，一人一斤炒疙瘩够不够?"
"让厨子多搁点盐差不多。"（王朔《一点正经没有》）

例[9]中，应答语可以结合引发语变换为："只要让厨子多搁点盐
的话，一人一斤炒疙瘩就够了。"
隐含关系可以表示为：

$$\left[\begin{array}{l} P \\ \text{只要 } P,(\text{就 } q) \end{array} \right.$$

3. 解说关系
这种情况下，应答语通常是评价性话语。
引发语为主观性观点：应答语中含有的某些词汇能概括引发语的意
思，这些词汇与引发语之间构成解说关系，把引发语放在应答语之后，
可以构成解说关系的句群，如：

[195]刘：其实挺简单的，你就<u>适当地把节奏放慢了，就像念讣告那个节奏，再加上点儿啊啊啊，那两分钟没问题</u>。

李、牛：哈哈

李：你还别说，老刘说这个，还真不失为一条妙计。

（《编辑部的故事》）

例[195]中，改写成解说关系的句群：

老刘说的真不失为一条妙计：适当地把节奏放慢了，就像念讣告那个节奏，再加上点儿啊啊啊，那两分钟没问题。

引发语为评价性观点：引发语是用于陈述或描写的表述句，间接表达说话者的评价性观点，应答语则是用评价性的话语来认同引发语的评价性观点。

[196]女：屋子里看不到一丝灰尘。

男：真干净啊!①

[197]女：到处都是没用完的画笔和颜料。

男：太可惜了!

[198]甲：不知道是谁，把咱们放在冰箱里的东西都偷吃了。

乙：缺德!

如果把例[196]改写成解说关系的复句："屋子里真干净啊：看不到一丝灰尘。"

4. 逆转假设关系

逆转假设关系：有显性关联标记"要不"。

----

① 例子引自"实用汉语水平认定考试 EF 级"，2007，（2）。

[199]赵老：我刚才说的对不对？作官的坏！作官的坏，老百姓就没法活下去！大小的买卖、工厂，全教他们接收的给弄趴下啦，就剩下他们自己肥头大耳朵地活着！

二春：要不穷人怎么越来越多呢！（老舍《龙须沟》）

例[199]中，把引发语和应答语结合，可以构成逆转假设关系复句："要不是作官的坏，老百姓就没法活下去！大小的买卖、工厂，全教他们接收的给弄趴下啦，就剩下他们自己肥头大耳朵地活着，穷人怎么越来越多呢！"

[200]"哟，老头子，让你一说，社会主义还得靠李贵这样的人啦？"

"靠你们这些少爷更没指！（孙少山《八百米深处》）

例[200]中，应答语可以结合引发语变换为："如果不靠李贵这样的人，靠你们这些少爷就更没指了。"

综上所述，汉语表示同意的应答语的表现手段从回答的方式上可以分为两大类：直接形式的同意应答语和间接形式的同意应答语，直接形式包括优势标志独用、优势标志合用、优势标志+词汇重复、词汇重复的独用；间接形式包括通过反问表达同意、通过复句关系衔接表达同意。

第三节　小　　结

"优势标志"常常出现在同意应答的开头，在脱离引发语的情况下，单看应答语，不需推导，就能明显地表达出应答者的同意态度。

　　根据搜集到的第一手语料，排除非语言层面表示同意态度的动作、沉默等，我们发现在语言层面上，汉语表示同意的应答语的表现手段从回答的方式上可以分为两大类：直接形式和间接形式。直接形式包括优势标志独用、优势标志合用、优势标志+同义重复、重复的独用；间接形式包括通过反问表达同意、通过复句关系衔接表达同意。我们可以用表 4-1 的缩写将应答语类型系统构拟出来。

表 4-1　　　　　　　　　　应答语类型中术语及对应缩写

中文名称	英文名称	缩写
优势标志	preferred maker	PM
同义重复	Repeat	R
同形同义重复	synonymical repeat	SR
异形同义重复	dissimilative repeat	DR
强调副词	emphasized adverb	EA
程度补语	degree complement	DC
实指代词	notional pron.	NP
类同副词	analogical adv.	AA
语义衔接	cohesion	C
反问句	rhetorical question	RQ
复句	complex sentence	CS

　　如表 4-1 和图 4-1 所示，同意应答语表现手段的直接形式包括(1)优势标志(preferred maker)独用；(2)优势标志连用(PM1，PM2)；(3)优势标志和同义重复连用(PM，R)；(4)同义重复(Repeat)(包括同形同义重复(synonymical repeat)和异形同义重复(dissimilative repeat))。

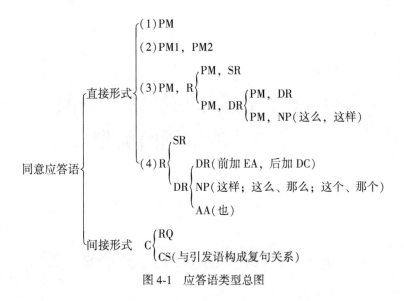

图 4-1 应答语类型总图

异形同义重复(dissimilative repeat)可通过三种方式构成：(1)前加强调副词(emphasized adverb)"真、确实、是、可、肯定"，或后加程度补语(degree complement)；(2)通过实指代词(notional pron.)"这样、这么、那么、这个、那个"；(3)通过类同副词(analogical adv.)。

间接形式主要通过语义衔接(cohesion)实现，包括：(1)反问句(rhetorical question)；(2)与引发语构成广义复句关系①的句子(complex sentence)，如构成因果关系等。

---

① 广义的复句关系包括广义的并列关系和广义的因果关系。(于聂，2007)

第五章　汉语"同意"应答语的
情绪倾向类型

第一节　态度表达存在不同情绪

掌握一门语言，最终目的是获取语言能力，语言能力不外乎表达自己的语言能力和与人交际的语言能力两大类。表达自己的态度是表达自己的一个重要方面。凭借语感，母语者一般都熟知且能熟用母语中丰富的态度表达形式，在这方面，二语学习者能熟知且能熟用的形式则单一得多。众所周知，语言使用者能驾驭的语言形式越丰富，其语言水平就越高，反之，其语言水平则越低。二语学习者在目的语态度表达对应形式上的模糊无知在一定程度上抑制了他们口语能力的提高。

态度表达形式的多样性，表现在态度表达存在着情绪倾向的不同，这些情绪是说话人自然表达的需要。能否灵活运用相应的语言形式表达自己不同情绪倾向的态度，是二语学习者在口语技能培养中高级阶段的一个瓶颈。这就要求对外汉语教师将态度表达及态度的情绪倾向作为教学重点。在此之前，需要弄清的是现代汉语中的态度表达有哪些语义内涵，每种语义内涵常对应哪些语言形式，同一语义内涵下的不同语言形式在情绪倾向上有哪些细致差别，以此来指导对外汉语教师相关内容的教学。

第二节　汉语同意应答语表现手段的基本分类

正如第四章我们发现的，汉语表示同意的应答语的表现手段从回答的方式上可以分为两大类：直接形式的同意应答语和间接形式的同意应答语，直接形式包括优势标志独用、优势标志合用、优势标志+同义重复、重复的独用；间接形式包括通过反问表达同意、通过复句关系衔接表达同意。本章我们将针对这些表现手段分析其对应的情绪倾向。

第三节　同意应答语表现手段的情绪倾向分类

关于语言态度，陈松岑(1999)对其进行了分类，将语言态度分为感情方面和理智方面两类。"感情方面的语言态度指的是说话人或听话人在说到、听到某种语言时，在情绪、感情上的感受和反映。它常常是十分自然甚至是不自觉地、下意识地出现的。"也就是说，汉语母语者在说到某些语言形式时表达出来的情绪倾向其实是一种语言的感觉，每个母语者都具备的这种感觉使得母语者有可能通过选择不同的话语形式来表达不同的情绪倾向，而没有这种感觉的二语学习者只能通过学习常对应某些情绪倾向的语言形式，来弥补自己在这一方面的语用交际缺失。

如前所述，汉语中的同意可概括为认同、确认、接受三种语用意义内涵。实际语料显示，人们在使用这几种语用意义内涵时所表达的情绪倾向往往只有程度的不同，可在一个两端明显、中间模糊的连续轴(见图5-1)上表示出来，我们暂且根据语感将两端的实线部分称为欣然类情绪倾向和勉强类情绪倾向，中间的虚线部分即是情绪倾向不那么明显的部分。

笔者将这些界限明显的态度倾向对应的有规律的语言形式归纳出来，供汉语教师教学或留学生学习用。具体而言，欣然类的情绪包括欣然认同、十分有把握的确认和欣然接受；勉强类的情绪包括勉强认同、不太有把握的确认和勉强接受。

欣然类情绪　　　　　　　　勉强类情绪

认同：欣然认同　　　　　　认同：勉强认同

确认：十分有把握的确认　　确认：不太有把握的确认

接受：欣然接受　　　　　　接受：勉强接受

图 5-1　态度倾向图

在情绪倾向方面，不含优势标志的同意应答语比含优势标志的同意应答语单一得多，比如语义重复(R)中，一般没有明显的情绪倾向，带有明显情绪倾向的包括：同形语义重复(SR)的重叠形式可用来表示欣然类情绪。如：

[168]我常常教导她："你理论虽懂，可实践太少。"

她连连点头称是："实践太少，实践太少。"

进入"A 就 A 吧"结构的同形语义重复(SR)受结构影响可表示勉强类情绪，如：

[169]A：我这儿可没什么好吃的，只有方便面。

B：方便面就方便面吧，总比饿着好。

异形语义重复(DR)中只有异形同义词(DR WORD)通过程度加深可表达较为欣然的情绪倾向，前加强调副词或后加程度补语。

语义衔接(C)主要通过反问句(RQ)、或通过与引发语构成广义复句关系①的句子(CS)属于广义的并列关系中的顺接关系;属于广义因果关系中的引发语为因,应答语为果,但语义衔接的方式一般不带有明显的情绪倾向。

也可以是引发语为果,应答语为因,如:

[170]女:你俩好像很熟啊!
　　男:我们是多年的好友。

而含有优势标志的同意应答语表达的情绪倾向则相对丰富得多。从汉语同意应答语的系统可看出,优势标志是能最集中反映同意态度及其情绪倾向的部分。研究含优势标志的同意应答语的情绪倾向,只要把这些优势标志独用时表达的情绪倾向研究清楚,那么不同的优势标志连用、优势标志和词汇重复或句子衔接连用这两类所表达的情绪倾向只是程度上的不同。鉴于此,本章集中讨论了含优势标志的同意应答语的情绪倾向。

表达同意态度的应答语可能包含的优势标志有四种:独词句、准熟语句、表态词和规约性同意应答语。

(一) 独词句

优势标志主要围绕着"是"、"对"、""行"②、"好"这四个词,它们在独用时的分工大致是:

"是"、"对"一般出现在"观点—认同"或"猜测—确认"相邻对的应答语中。

"行"、"好"一般出现在"建议类—接受"相邻对的应答语中。

---

① 广义的复句关系包括广义的并列关系和广义的因果关系。(于聂,2007)
② 这一类包括与"行"同义的"可以"、"成"等。

作为优势标志的独词句除了这四个词的独用和叠用，还有它们各自与语气词"啊"、"呀"、"吧"、"的"组合以及这些组合的叠用，具体用法见表5-1。

表5-1 "是、对、行、好"独用、叠用及与语气词组合

×(独用)	是 *	对 *	行 *	好 *
××(叠用)	是，是	对，对	行，行	好，好
×××(叠用)	是是是	对对对	行行行	好好好
×+啊	是啊 *	对啊 *	行啊 *	好啊 *
×+吧	算是吧	对吧(-)	行吧(-)	好吧 *
×+的	是的 *	对的(-)	行的(-)	好的 *

(注：符号(-)表示实际口语中不存在或不常用；*表示可以叠用)

该表中，带有明显情绪倾向的有：

"×+啊"多表达欣然的情绪倾向："是啊"、"对啊"多表达欣然认同或是十分肯定的确认；"行啊"、"好啊"多表达欣然接受。

"×+吧"多表达勉强的情绪倾向：如"算是吧"多表达不太有把握的确认；"好吧"多表达勉强接受。

而"×+的"如"是的"、"好的"，以及×(独用)，则处于情绪轴的中间，倾向不明显。

"××"(叠用)因在×(独用)基础上程度加深，所以多表达欣然类的情绪倾向。

"×××"(叠用)的情绪倾向和原有的×保持一致，只是程度上的加深，如"×+啊"的叠用多为语速急促、迫不及待表达的程度较深的欣然情绪；"×+吧"的叠用仍是勉强情绪，带有无可奈何认输的倾向。"×+吧"的叠用只是增加了客套的程度。特殊之处在于单音节的"是、对、行、好"进入"×××"叠用形式，都倾向于勉强情绪，如"行行行"、"好好好"多为带有不耐烦情绪的勉强接受；"是是是"、"对对

对"是表面上为了拉近与发话人的距离而做出的的勉强认同，实际态度有所保留。

　　副词"确实"、"的确"、"真的"、"肯定"、"当然"和这几个词的组合，也能构成独词句。表 5-2 即为"是、对、行、好"与强调副词搭配的情况。

表 5-2　　　　　　　**"是、对、行、好"和强调副词的搭配**

	是	对	行	好
确实	确实是	确实对(-)	确实行(-)	确实好(-)
的确	的确是	的确对(-)	的确行(-)	的确好(-)
真的	真的是	真的对(-)	真的行(-)	真的好(-)
肯定	肯定是	肯定对(-)	肯定行(-)	肯定好(-)
当然＊	当然是	当然对(-)	当然(行)	当然好(-)

　　（注：在这些副词后面，更常出现的是"可以"，而不是"行"；(-)表示实际口语中不存在或不常用；＊表示可以叠用）

　　从实际口语语料中，我们发现这五个副词都可以修饰表示确认或认同的应答优势标志"是"，后面可以用"是这样"来补足，实际对话中，除了"肯定"外，其他四个在应答中都可以省去"是"，表示欣然类的认同或十分有把握的确认；而"当然"后面除了"是"以外，更常出现的是"可以"，而非"行"，表示的是欣然类的接受。

　　"当然"还可以叠用时，不管后面省略的是"是"，还是"可以"，表达的情绪都是欣然类的。

(二) 准熟语句

1. 词组："没错"、"好说"

　　与"对"相比，"没错"独用或叠用时，表达的情绪都是欣然认同或十分有把握的确认；叠用时情绪倾向一致，只是程度更深。"好说"表达的情绪也是欣然接受。

2. 表示评价的结构："说"+ 补语

补语中可以是得字补语,如"说得对"、"说得是",它们和"对"独用的应答类似,情绪倾向处于连续轴中间,"说得好"评价性突出,情绪倾向是欣然认同;也可以是结果补语,如"说对了"和"说着了"(补语常带有重音用于强调),其情绪倾向是十分有把握的确认。

3. 带语气情态的副词和"是、对、行、好,"连用(见表5-3)

这里的副词可以是评价副词"太",强调语气副词"就"、"真",缓和语气副词"也"、"算"。

其中带有明显情绪倾向的有:

"太+✕"(✕=对、好)多表达欣然的情绪倾向,如"太好了"用于欣然接受,"太对了"用于欣然认同。

"就/真+✕"(✕=是)多表达欣然的情绪倾向,如"就是"、"真是"、"还真是"用于欣然认同。

"也+✕"则多表达勉强的情绪倾向,如"也是"、"也对"表示勉强认同;"也好、也行、也可以"表示勉强接受;"也+✕"可以与"倒"组合,如"倒也是、倒也对、倒也行、倒也可以",语气进一步被缓和,但情绪倾向不变。

"就算+✕"多表达勉强的情绪倾向,如"就算是"表示勉强认同或不太有把握的确认。

表5-3   **"是、对、行、好"和情态副词搭配**

	是	对	行	好
太+✕+了	太是了(-)	太对了	太行了(-)	太好了
就/真+✕	就是*/真是	就对/真对(-)	就行/真行(-)	就好/真好(-)
也+✕	也是	也对	也行	也好
倒+也+✕	倒也是	倒也对	倒也行	倒也好
就算+✕	就算是(这样)	就算对(-)	就算行(-)	就算好(-)

4. 反问形式凝固习语

在汉语里，可以用疑问的形式表达确定的意思，以加强语气，几乎所有的句子都可以用反问句形式表达出来，在对话中，反问句用得尤其多，而二语学习者却不习惯也不熟悉反问句，对其采取回避态度。

在同意应答的语料中，我们发现主要有两类反问句：

(1)由"是"构成的反问句有："可不"、"可不是"、"可不是嘛"、"谁说不是呢"。表达的是明显的欣然类情绪，对已经听说或看到的事实十分肯定的确认。

(2)由"说"构成的反问句有："还用说(升调)"、"还用说吗?"("说"可以用"问"来替换)表达的也是明显的欣然类情绪，可以是欣然接受，也可以是十分肯定的确认，此时应答者带有得意炫耀的口气。

5. "这、那"与前面四项的连用

"这"、"那"的指代义较虚，可用于表5-4几种情况。

表5-4　　　　　　"是、对、行、好"与"这、那"搭配

	是	对	行	好	好说
这+×	这是(-)	这对(-)	这行(-)	这好(-)	这好说
那+×	那是*	那对(-)	那行*	那好*	那好说
这+倒+×	这倒是	这倒对(-)	这倒行(-)	这倒好(-)	这倒好说
那+倒+还+×	那倒还是(-)	那倒还对(-)	那倒还行	那倒还好	那倒还好说
这(那)+反问习语	那可不是	(-)	(-)	(-)	那还用说

(注：这里的"那"不是表示条件关系的关联词"那么"，而是已经凝固到准熟语中去了指代义较虚的词)

该表中带有明显情绪倾向的有：

"那是"独用表达的是欣然认同，常带有得意炫耀的口气；叠用程度加深，情绪倾向不变，也是欣然认同，但主要是应答者讨好迎合发话

者的口气。

"那行"、"那好"表达的是勉强接受，叠用的程度比独用更深。

"这倒是"表达的情绪处于情绪轴的中间，倾向不明显。

"那可不是"、"那还用说"的情绪倾向和"可不是"、"还用说"保持一致，都是欣然类情绪，"那"只是加强引发语和应答语之间的衔接。

(三) 表态词

出现在同意应答语中的表态词有："同意"、"赞成"、"理解"、"相信"等动词，或短语"没意见、我看好(行①)"，如"我同意"、"我赞成"、"我相信"、"我理解"、"我没意见"，其情绪倾向处于情绪轴的中间，倾向不明显。

(四) 规约性同意应答语

用"彼此彼此"认同发话者对自己的称赞，情绪倾向处于情绪轴的中间，倾向不明显。

用"让你破费了"、"你客气什么"、"那我就不客气了"、"恭敬不如从命了"表达勉强接受(至少是表面上的)礼物。

用"听你的、依你的、随你的便"表达勉强接受。

用"我服了你"、"真(拿你)没办法""(算了)，只好这样"表达勉强接受。

用"说定了、说好了、一言为定、这就去""表达欣然接受。

第四节　小　　结

能否灵活运用相应的语言形式表达自己不同情绪倾向的态度，是二

---

① 　包括与"行"同义的"可以"、"成"等。

语学习者在口语技能培养中高级阶段的一个瓶颈。

态度表达形式的多样性，表现在态度表达存在着情绪倾向的不同，这些情绪是说话人自然表达的需要。

汉语母语者在说到某些语言形式时表达出来的情绪倾向其实是一种语言的感觉，每个母语者都具备的这种感觉使得母语者有可能通过选择不同的话语形式来表达不同的情绪倾向，而没有这种感觉的二语学习者只能通过学习哪些语言形式常对应哪些情绪倾向，来弥补自己在这一块的语用交际缺失。

实际语料显示，人们在使用汉语同意的三种语用意义内涵(认同、确认、接受)时所表达的情绪倾向往往只有程度的不同，可在一个两端明显、中间模糊的连续轴(见图 5-1)上表示出来，我们暂且根据语感将两端的实线部分称为欣然类情绪倾向和勉强类情绪倾向，中间的虚线部分即是情绪倾向不那么明显的部分。

按照同意态度的三类语用意义内涵，欣然类的情绪倾向具体包括欣然认同、十分有把握的确认和欣然接受；勉强类的情绪倾向具体包括勉强认同、不太有把握的确认和勉强接受。我们将这两类带有明显倾向的情绪所对应的有规律的语言形式归纳出来，供汉语教师教学或留学生学习用。

首先，对比了不含优势标志的同意应答语和含优势标志的同意应答语，我们发现在情绪倾向方面有以下结论：

(一)不含优势标志的比含优势标志的同意应答语体现的情绪倾向单一得多①

一般没有明显的情绪倾向的包括：语义重复(R)的独用形式；

带有明显情绪倾向的包括：同形语义重复(SR)的重叠形式，多用来表示欣然类情绪，如进入"A 就 A 吧"结构的同形语义重复(SR)受结

---

① 详见第四章第一节直接形式。

构影响表示勉强类情绪。

异形语义重复(DR)中只有异形同义词(DR WORD)通过程度加深可表达较为欣然的情绪倾向，语义衔接的方式一般都不带有明显的情绪倾向。

(二)优势标志是最能集中反映同意的情绪倾向的部分

研究含优势标志的同意应答语的情绪倾向，首要任务是研究优势标志独用时的情绪倾向。

对应第四章同意应答语的表现手段，我们根据实例，结合语感，可以发现将独用的优势标志中带有明显情绪倾向的列在下面：

独用的优势标志：独词句(1)中："×+啊"多表达欣然的情绪倾向：如"是啊"，"对啊"多表达欣然认同或是十分肯定的确认；"行啊"，"好啊"多表达欣然接受；

"×+吧"多表达勉强的情绪倾向：如"算是吧"多表达不太有把握的确认；"好吧"多表达勉强接受；

而"×+的"如"是的"、"好的"，以及×(独用)，则处于情绪轴的中间，倾向不明显。

"××"(叠用)因在×(独用)基础上程度加深，所以多表达欣然类的情绪倾向。

"×××"(叠用)的情绪倾向和原有的×保持一致，只是作程度上的加深，如"×+啊"的叠用仍然表示欣然情绪倾向，只是程度加深，多为语速急促、迫不及待的欣然；"×+吧"的叠用仍是勉强情绪，增加了无可奈何认输的意味。"×+吧"的叠用只是增加了客套的程度。特殊之处在于单音节的"是、对、行、好"进入"×××"叠用形式，都倾向于勉强情绪，如"行行行"、"好好好"多为带有不耐烦情绪的勉强接受；"是是是"、"对对对"是表面上为了拉近与发话人的距离而做出的的勉强认同，实际态度有所保留。

独用的优势标志：独词句(2)中：实际对话中，除了"肯定"外，其他四个在应答中都可以省去"是"，表示欣然类的认同或十分有把握的确认；而"当然"后面除了"是"以外，更常出现的是"可以"，而非"行"，表示的是欣然类的接受。

"当然"还可以叠用时，不管后面省略的是"是"，还是"可以"，表达的情绪都是欣然类的。

独用的优势标志：准熟语句(1)中：与"对"相比，"没错"独用或叠用时，表达的情绪都是欣然认同或十分有把握的确认；叠用时情绪倾向一致，只是程度更深。"好说"表达的情绪也是欣然接受。

独用的优势标志：准熟语句(2)中：补语中可以是得字补语，如"说得对"、"说得是"，它们和"对"独用的应答类似，情绪倾向处于连续轴中间，"说得好"评价性突出，情绪倾向是欣然认同；也可以是结果补语，如"说对了"和"说着了"(补语常带有重音用于强调)，其情绪倾向是十分有把握的确认。

独用的优势标志：准熟语句(3)中：这里的副词可以是评价副词"太"，强调语气副词"就"、"真"，缓和语气副词"也"、"算"。其中带有明显情绪倾向的有(如表5-3)："太+✕"(✕=对、好)多表达欣然的情绪倾向：如"太好了"用于欣然接受，"太对了"用于欣然认同。"就/真+✕"(✕=是)多表达欣然的情绪倾向：如"就是"、"真是"、"还真是"用于欣然认同。

"也+✕"则多表达勉强的情绪倾向：如"也是"、"也对"表示勉强认同；"也好、也行、也可以"表示勉强接受；"也+✕"可以与"倒"组合，如"倒也是、倒也对、倒也行、倒也可以"，语气进一步被缓和，但情绪倾向不变。"就算+✕"多表达勉强的情绪倾向。如"就算是"表示勉强认同或不太有把握的确认。

独用的优势标志：准熟语句(4)中：的两类反问句是同意相邻对中最常出现的反问句应答：

(1)由"是"构成的反问句有："可不"、"可不是"、"可不是嘛"、

"谁说不是呢"。表达的是明显的欣然类情绪：对已经听说或看到的事实十分肯定的确认。

（2）由"说"构成的反问句有："还用说（升调）"、"还用说吗?"（"说"可以用"问"来替换）表达的也是明显的欣然类情绪：可以是欣然接受；也可以是十分肯定的确认，此时应答者带有得意炫耀的口气。

独用的优势标志：准熟语句（5）中：带有明显情绪倾向的有：

"那是"独用表达的是欣然认同，常带有得意炫耀的口气；叠用程度加深，情绪倾向不变，也是欣然认同，但主要是应答者讨好迎合发话者的口气。

"那行"、"那好"表达的是勉强接受，叠用的程度比独用更深。

"这倒是"表达的情绪处于情绪轴的中间，倾向不明显。

"那可不是"、"那还用说"的情绪倾向和"可不是"、"还用说"保持一致，都是欣然类情绪，"那"只是加强引发语和应答语之间的衔接。

独用的优势标志：表态词中：出现在同意应答语中的表态词有："同意"、"赞成"、"理解"、"相信"等动词，或短语"没意见、我看好（行①）"，如"我同意"、"我赞成"、"我相信"、"我理解"、"我没意见"，其情绪倾向处于情绪轴的中间，倾向不明显。

独用的优势标志：规约性同意应答语中：用"彼此彼此"认同发话者对之间的称赞，情绪倾向处于情绪轴的中间，倾向不明显。

用"让你破费了"、"你客气什么"、"那我就不客气了"、"恭敬不如从命了"表达勉强接受（至少是表面上的）礼物；

用"听你的、依你的、随你的便"表达勉强接受；

用"我服了你"、"真（拿你）没办法""（算了），只好这样"表达勉强接受；

---

① 包括与"行"同义的"可以"、"成"等。

用"说定了、说好了、一言为定"表达欣然接受。

复合使用的优势标志对应的情绪倾向情况如下：

独词句+独词句中："优势标志+优势标志"以及"优势标志+词汇重复(或句子重复)"所表达的情绪倾向主要由带有情绪倾向的那部分决定。

独词句+独词句中："对，当然了"、"嗯，当然"受"当然"的情绪倾向的影响，表示很有把握的确认；

"对，确实"受"确实"的情绪倾向的影响，表示对观点的欣然认同；

"好，可以可以"受"××(叠用)多表示欣然类情绪倾向的影响，表示对请求、建议的欣然接受。

独词句+准熟语句中，"是的，就算……"和表态词+准熟语句中，"我同意，就算是……"受"就算+×"的情绪倾向的影响，表示对观点的勉强认同；"对，没错"受"没错"的情绪倾向的影响，表示对猜测很有把握的确认。

独词句+规约性同意应答语中，"好的，一言为定！"受"一言为定"的情绪倾向影响，表示欣然接受，还有叹词和规约性同意应答语的组合，如"嗯，听你的"受"听你的"的情绪倾向影响，表示勉强接受(用于对要求的接受)

优势标志+重复的部分中，同形重复的情绪倾向不明显，如："对，比较含蓄。"异形重复的情绪倾向仍然受组成部分影响。"嗯，那肯定了"、"嗯，那还用说"分别受"肯定"和"那还用说"的情绪倾向影响，表示十分有把握的确认，后者还带有炫耀的口气。优势标志+句子形式的重复部分中的"好，这就去"的情绪倾向受"这就去"的影响，表示欣然接受。"行，就这么着吧"受"×+吧"的情绪倾向影响，表示勉强接受

以上就是我们对包含了"优势标志"的同意应答语的情绪倾向进行的详细总结。

表 5-5　　　　含优势标志的同意应答语对应的三类情绪倾向

	优势标志(独用)	优势标志+优势标志		优势标志+重复部分
欣然情绪	✕+啊*			
	✕✕(叠)	好，可以可以		
	当然+✕(可以、是)	对，当然了	嗯，当然	
	确实①类+✕【✕=是(可省)】	对，确实	嗯，那肯定了	
	副词+✕			
	没错*	对，没错		
	好说*			
	说得+✕*(✕=好)说对(着)了			
	太+✕(✕=对、好)(还)就/真+✕(✕=是)			好，这就去
	那+✕(✕=是)			
	(那)可不(是)嘛、(那)还用说吗?	嗯，那还用说		
	说定了、说好了	好的，一言为定		
不明显的情绪倾向	✕+的(✕=是、好)			
	说得+对(是)			
	这倒+✕(是)			
	表态词"赞成、理解、同意、相信"			
	"没意见"			
	"彼此彼此"			

---

① 确实类副词包括"确实"、"的确"、"真的"、"当然"、"肯定"。

续表

	优势标志(独用)	优势标志+优势标志		优势标志+重复部分
勉强情绪	×+吧*(×=是、好、行)			行，就这么着吧。
	×××			
	那+×(×=行/好)*			
	也+×倒也+×			
	就算+×	是的，就算	我同意，就算是	
	听你的、随你的便	嗯，听你的		
	我服了你 真拿你没办法			
	让你破费了 你客气什么			
	接受礼物时："让你破费了"等			

注：1. *号表示可以将其重叠，且重叠后，其情绪倾向不变，只是程度加深。

2. 其中的 X 除特殊备注外，一般用"是、对、行、好"来替代。

综上所述，汉语母语者在对话应答中的确会有不同的形式表达有不同的情绪倾向，分布在连续轴上，轴的中间部分界限不明显，表达的情绪倾向往往只有程度的不同；而两端界限则是明显的，对应着一些有规律的语言形式，在这一部分中，作者将最能标志同意应答语态度的优势标志中，处于两端的情绪倾向对应的语言形式进行了归纳和梳理，具体而言，欣然类的情绪包括欣然认同、十分有把握的确认和欣然接受；勉强类的情绪包括勉强认同、不太有把握的确认和勉强接受。希望能指导对外汉语教师进行相关内容的教学；同时也能方便留学生在实际言语交际细化情绪表达时查找学习，帮助他们弥补作为二语学习者所没有的语感，满足其目的语表达需要，提高他们的言语交际水平。

第六章 结　　语

第一节　本研究的主要结论

(一) 首次界定了汉语对话中"同意"应答语的语用意义内涵

汉语对话中"同意"应答语的语用意义内涵主要包括"认同"、"确认"、"接受"三大类，即应答者对发话者提出的观点表示认同；应答者对发话者提出的猜测表示确认；应答者对发话者作出的请求、要求、命令、建议、提供、邀请等的接受。

(二) 通过"相邻对"概念初步建构了汉语"同意"相邻对系统

本书借用会话分析理论中的"相邻对"概念，首次提出了"同意"相邻对概念，从实际语料出发发现在汉语"同意"相邻对中，"认同"、"确认"、"接受"三大类"同意"应答语总是分别与固定的几类引发语搭配出现，构成"同意"相邻对，如应答语表示"认同"时，其引发语只能是观点；应答语表示"确认"时，其引发语只能是猜测；应答语表示"接受"时，其引发语也只局限在请求、要求、命令、建议、提供、邀请这几类中，这一语言事实正好与"相邻对的特征"中前后话轮之间的"制约性相关"特点相符。

针对数量有限的"同意"相邻对，我们从语用意义内涵方面，总结了"同意"相邻对的引发语和应答语分别对应的言语行为；句法形式方面，总结了"同意"相邻对的引发语和规约性句法形式之间的对应关系，还探讨了"同意"相邻对的应答语和现代汉语句类之间的对应关系，重点总结了汉语"同意"应答语的表现手段。总之从引发语和应答语的语用意义内涵和句法形式两方面，构拟了"同意"相邻对系统。

（三）从二语学习者学习的角度探讨汉语中能引出"同意"应答语的引发语的类型

从这一角度探讨"同意"应答语的引发语，主要是讨论了能引出"同意"应答语的引发语须满足的条件和所对应的规约句法形式。

外国学生要学会用汉语正确得体地表达自己的"同意"态度，除了要熟悉和牢记汉语中数量有限的"同意相邻对"以外，还要正确理解、识别"同意"相邻对的引发语中发话者的真正意图，或者说分辨出引发语施行的言语行为。本书把汉语对话中的"同意"应答语放在"同意相邻对"中进行研究，根据"相邻对"的引发语和应答语之间存在的"制约性相关"关系，指出与"同意"应答语相对的"引发语"必须满足的条件，将其归纳为：引发语本身须包含发话者对某项命题有所肯定、有所猜测或者对应答者的反应有所期待，否则引发语的下句就不可能出现"同意"应答语。

汉语母语者在表达不同的言语行为时，往往会采用一些规约性句法形式，因此，在对外汉语教学中，我们可以将这些规约句法形式和引发语表示的言语行为对应起来，帮助外国学生正确识别和记忆引发语，本书还总结了"同意"相邻对的引发语和规约性句法形式之间的对应关系：

与"认同"相配的引发语为"观点"，"观点"又分为"主观性观点"、"事实性观点"两大类，这两类引发语通常分别对应不同的规约形式：主观性观点的规约形式包括：直接观点句、陈述观点句、反问观点句；

事实性观点的规约形式包括：现在事实句、过去事实句。

与"确认"相配的引发语为"猜测"，充当引发语的"猜测"分为"直接猜测"、"陈述猜测"、"疑问猜测"三大类。直接猜测的规约形式包括"看"类和"说"类；陈述猜测的规约形式包括采访体对话中和非采访体对话中两大类；疑问猜测的规约形式包括只带副词标记、只带句调标记、兼带句调标记和副词标记的三类疑问句。

与"接受"相配的引发语有"请求"、"要求"、"命令"、"建议"、"提供"、"邀请"六类，其中它们的规约形式：

"请求"的规约形式：直接请求句、祈使请求句、陈述请求句、疑问请求句；

"要求"的规约形式：直接要求句、疑问要求句、陈述要求句；

"命令"的规约形式：祈使命令句；

"建议"的规约形式：直接建议句、疑问建议句、祈使建议句；

"提供"的规约形式：直接提供句、祈使提供句；

"邀请"的规约形式：直接邀请句、祈使邀请句、疑问邀请句。

以上分类用表 6-1 显示如下：

表 6-1　　　　　　　　　**引发语类型总表**

言语行为大类	小类		规约形式			
				与句类相关		
			与"施为动词"相关	陈述句（不含施为动词）	疑问句	祈使句
观点	主观性观点		直接观点句（含施为动词"认为"）	陈述观点句	反问观点句	——
	事实性观点	现在事实	——	陈述事实句	——	——
		过去事实				

续表

言语行为大类	小类		规约形式			
				与句类相关		
			与"施为动词"相关	陈述句 (不含施为动词)	疑问句	祈使句
猜测	直接猜测	"看"类	直接猜测句 (含施为动词"看来"/我看)			
		"说"类	直接猜测句 (含施为动词"这么说")			
	陈述猜测	采访体中	——	陈述猜测句	——	——
		非采访体中				
	疑问猜测	只带副词标记		——		——
		只带句调标记				
		兼带副词标记和句调标记				
接受	请求		直接请求句 (含施为动词"请/求")	陈述请求句	疑问请求句	祈使请求句
	要求		直接要求句 (含施为动词"得/要")	陈述要求句	疑问要求句	——
	命令		——	——		祈使命令句
接受	建议		直接建议句 (含施为动词"建议")	——	疑问建议句	祈使建议句
	提供		直接提供句 (含施为动词"给/帮")			祈使提供句
	邀请		直接邀请句 (含施为动词"请/约")		疑问邀请句	祈使邀请句

(四) 从二语学习者表达的角度探讨了汉语"同意"应答语

从这一角度探讨"同意"应答语，主要是讨论了"同意"应答语所对应的表现手段和同意态度的情绪倾向。

第一，首次构拟了汉语同意应答语类型系统。

"优势标志"是指脱离引发语的情况下，单看应答语，不需推导，就能明显地表达出应答者同意态度的话语，它常常出现在同意应答语的开头部分。

根据第一手语料的搜集和分析，排除掉非语言层面表示同意态度的动作、沉默等，我们发现在语言层面上，汉语表示同意的应答语的表现手段从回答的方式上可以分为两大类：直接形式和间接形式，直接形式包括优势标志独用、优势标志合用、优势标志+同义重复、重复的独用；间接形式包括通过反问表达同意、通过复句关系衔接表达同意。我们可以用图 4-1 的缩写将应答语类型系统构拟出来：

同意应答语表现手段的直接形式包括 (1) 优势标志 (preferred maker) 独用；(2) 优势标志连用 (PM1，PM2)；(3) 优势标志和同义重复连用 (PM，R)；(4) 同义重复 (Repeat) [包括同形同义重复 (synonymical repeat) 和异形同义重复 (dissimilative repeat)]

异形同义重复 (dissimilative repeat) 可通过三种方式构成：前加强调副词 (emphasized adverb) "真、确实、是、可、肯定"，或后加程度补语 (degree complement)；通过实指代词 (notional pron.) "这样；这么、那么；这个、那个"；通过类同副词 (analogical adv.)；

间接形式主要通过语义衔接 (cohesion) 实现，包括：反问句 (rhetorical question)；与引发语构成广义复句关系①的句子 (complex sentence)。

第二，首次明确了汉语"同意"应答语的情绪倾向类型及常见的情

---

① 广义的复句关系包括广义的并列关系和广义的因果关系。(于聪，2007)

绪倾向标志(见表5-5)。

　　能否灵活运用相应的语言形式表达自己不同情绪倾向的态度，是二语学习者在口语技能培养中高级阶段的一个瓶颈。态度表达形式的多样性，表现在态度表达存在着情绪倾向的不同，这些情绪是说话人自然表达的需要。

　　汉语母语者在说到某些语言形式时表达出来的情绪倾向其实是一种语言的感觉，每个母语者都具备的这种感觉使得母语者有可能通过选择不同的话语形式来表达不同的情绪倾向，而没有这种感觉的二语学习者只能通过学习哪些语言形式常对应哪些情绪倾向，来弥补自己在这一块的语用交际缺失。

　　实际语料显示，人们在使用汉语同意的三种语用意义内涵(认同、确认、接受)时所表达的情绪倾向往往只有程度的不同，可在一个两端明显、中间模糊的连续轴(见图5-1)上表示出来，我们暂且根据语感将两端的实线部分称为欣然类情绪倾向和勉强类情绪倾向，中间的虚线部分即是情绪倾向不那么明显的部分。

　　按照同意态度的三类语用意义内涵，欣然类的情绪倾向具体包括欣然认同、十分有把握的确认和欣然接受；勉强类的情绪倾向具体包括勉强认同、不太有把握的确认和勉强接受。我们将这两类带有明显倾向的情绪所对应的有规律的语言形式归纳出来，供汉语教师教学或留学生学习用。

　　首先，对比了不含优势标志的同意应答语和含优势标志的同意应答语，我们发现在情绪倾向方面可得出以下结论：

　　第一，不含优势标志的比含优势标志的同意应答语体现的情绪倾向单一得多。

　　一般没有明显的情绪倾向的包括：语义重复(R)的独用形式；

　　带有明显情绪倾向的包括：同形语义重复(SR)的重叠形式，多用来表示欣然类情绪，如进入"A就A吧"结构的同形语义重复(SR)受结构影响表示勉强类情绪。

　　异形语义重复(DR)中只有异形同义词(DR WORD)通过程度加深可表达较为欣然的情绪倾向，语义衔接的方式一般都不带有明显的情绪倾向。

　　第二，优势标志是最能集中反映同意的情绪倾向的部分。

　　研究含优势标志的同意应答语的情绪倾向，首要任务是研究优势标志独用时的情绪倾向。

　　1. 优势标志独用时中带有明显情绪倾向的有：

　　(1)"╳+啊"多表达欣然的情绪倾向；"╳+吧"多表达勉强的情绪倾向；"╳+的"以及╳(独用)倾向不明显。"╳╳"(叠用)多表达欣然类的情绪倾向；"╳╳╳"(叠用)的情绪倾向和原有的╳保持一致，只是作程度上的加深；"╳+啊"的叠用仍然表示欣然情绪倾向，只是程度加深，多为语速急促、迫不及待的欣然；"╳+吧"的叠用仍是勉强情绪，增加了无可奈何认输的意味。"╳+吧"的叠用只是增加了客套的程度。特殊之处在于单音节的"是、对、行、好"进入"╳╳╳"叠用形式，都倾向于勉强情绪，如"行行行"、"好好好"多为带有不耐烦情绪的勉强接受；"是是是"、"对对对"是表面上为了拉近与发话人的距离而做出的的勉强认同，实际态度有所保留。

　　(2)除了"肯定"外，其他四个在应答中都可以省去"是"，表示欣然类的认同或十分有把握的确认；而"当然"后面除了"是"以外，更常出现的是"可以"，而非"行"，表示的是欣然类的接受。"当然"还可以叠用时，不管后面省略的是"是"，还是"可以"，表达的情绪都是欣然类的。

　　(3)与"对"相比，"没错"独用或叠用时，表达的情绪都是欣然认同或十分有把握的确认；叠用时情绪倾向一致，只是程度更深。"好说"表达的情绪也是欣然接受。补语中可以是得字补语，如"说得对"、"说得是"，它们和"对"独用的应答类似，情绪倾向处于连续轴中间，"说得好"评价性突出，情绪倾向是欣然认同；也可以是结果补语，如"说对了"和"说着了"(补语常带有重音用于强调)，其情绪倾向是十分有把握的确认。

(4)评价副词"太"，强调语气副词"就"、"真"，缓和语气副词"也"、"算"。"太+✕"(✕=对、好)多表达欣然的情绪倾向；"也+✕"则多表达勉强的情绪倾向；"也+✕"可以与"倒"组合，语气进一步被缓和，但情绪倾向不变。"就算+✕"多表达勉强的情绪倾向。如"就算是"表示勉强认同或不太有把握的确认。

(5)反问句应答多带有明显欣然类情绪：如由"是"构成的反问句有："可不"、"可不是"、"可不是嘛"、"谁说不是呢"。表达的是明显的欣然类情绪：对已经听说或看到的事实十分肯定的确认；由"说"构成的反问句有："还用说(升调)"、"还用说吗?"("说"可以用"问"来替换)表达的也是明显的欣然类情绪：可以是欣然接受；也可以是十分肯定的确认，此时应答者带有得意炫耀的口气。

(6)"那是"独用表达的是欣然认同，常带有得意炫耀的口气；叠用程度加深，情绪倾向不变，也是欣然认同，但主要是应答者讨好迎合发话者的口气。"那行"、"那好"表达的是勉强接受，叠用的程度比独用更深。"这倒是"表达的情绪处于情绪轴的中间，倾向不明显。"那可不是"、"那还用说"的情绪倾向和"可不是"、"还用说"保持一致，都是欣然类情绪，"那"只是加强引发语和应答语之间的衔接。

(7)情绪倾向不明显的：常出现在同意应答语中的表态词有："同意"、"赞成"、"理解"、"相信"等动词，或短语"没意见、我看好(行①)"，如"我同意"、"我赞成"、"我相信"、"我理解"、"我没意见"，其情绪倾向处于情绪轴的中间，倾向不明显。用"彼此彼此"认同发话者对之间的称赞，情绪倾向处于情绪轴的中间，倾向不明显。

(8)规约性应答语情况各不同：用"让你破费了"、"你客气什么"、"那我就不客气了"、"恭敬不如从命了"表达勉强接受(至少是表面上的)礼物；用"听你的、依你的、随你的便"表达勉强接受；用"我服了

————————

①　包括与"行"同义的"可以"、"成"等。

你"、"真(拿你)没办法""(算了),只好这样"表达勉强接受;用"说定了、说好了、一言为定"表达欣然接受。

2. 优势标志组合使用时带有明显情绪倾向的有:

"优势标志+优势标志";"优势标志+词汇重复(或句子重复)"所表达的情绪倾向主要由带有情绪倾向的那部分决定。

(1)"对,当然了"、"嗯,当然。"受"当然"的情绪倾向的影响,表示很有把握的确认;"对,确实"受"确实"的情绪倾向的影响,表示对观点的欣然认同;"好,可以可以"受"××(叠用)多表示欣然类情绪倾向的影响,表示对请求、建议的欣然接受。"是的,就算……"和"我同意,就算是……"受"就算+×"的情绪倾向的影响,表示对观点的勉强认同;"对,没错"受"没错"的情绪倾向的影响,表示对猜测很有把握的确认。"好的,一言为定!"受"一言为定"的情绪倾向影响,表示欣然接受;还有叹词和规约性同意应答语的组合,如"嗯,听你的"受"听你的"的情绪倾向影响,表示勉强接受(用于对要求的接受)。

(2)同形重复的情绪倾向不明显,如:"对,比较含蓄。"异形重复的情绪倾向仍然受组成部分影响。"嗯,那肯定了"、"嗯,那还用说"分别受"肯定"和"那还用说"的情绪倾向影响,表示十分有把握的确认,后者还带有炫耀的口气。"好,这就去"的情绪倾向受"这就去"的影响,表示欣然接受。"行,就这么着吧"受"×+吧"的情绪倾向影响,表示勉强接受。

综上所述,汉语母语者在对话应答中的确会有不同的形式表达有不同的情绪倾向,分布在连续轴上,轴的中间部分界限不明显,表达的情绪倾向往往只有程度的不同;而两端界限则是明显的,对应着一些有规律的语言形式,在这一部分中,我们将最能标志同意应答语态度的优势标志中,处于两端的情绪倾向对应的语言形式进行了归纳和梳理,具体而言,欣然类的情绪包括欣然认同、十分有把握的确认和欣然接受;勉强类的情绪包括勉强认同、不太有把握的确认和勉强接受。希望能指导对外汉语教师进行相关内容的教学;同时也能方便留学生在实际言语交际细化情绪表达时查找学习，帮助他们弥补作为二语学习者所没有的语感，满足其目的语表达需要，提高他们的言语交际水平。

第二节　有待进一步研究的问题

根据笔者掌握的文献资料来看，无论是国内还是国外，学界鲜有对语言中的"同意"应答语的研究，同样，汉语中这方面的研究可以参考和借鉴的资料很少，因此本书将本身比较复杂的汉语"同意"应答语，从引发语和应答语两方面拟构了两个较完整的系统。该系统的研究偏事实描写，也结合了一定的言语行为和会话分析的理论。主要是考虑到面向对外汉语的教学服务，方便二语学习者直接模仿和运用，因此以描写语言事实为主。对一个首次研究的课题来说，应该说本书给出了一个比较鲜明的脉络和框架，为以后的研究指明了方向，如果时间更充裕，也许可以对实例分析得更加深入，这些工作都有待于以后对这一课题研究的细化、具体化，尤其是第五章对汉语"同意"应答语的情绪倾向类型，以及不同的情绪倾向所对应的语言形式，本书进行了描写性研究，对不同情绪倾向还只是根据母语者的语感划分出来的，关于不同情绪倾向之间的判别标准希望在以后的研究中能对这一部分进行更加深入的探讨。

参 考 文 献

(一)专著

1. 布龙菲尔德．语言论[M]．北京：商务印书馆，1964.

2. 戴维·克里斯特尔编，沈家煊译．现代语言学词典[M]．北京：商务印书馆，2000

3. 邓炎昌、刘润清．语言与文化[M]．北京：外语教学与研究出版社，1989.

4. 黄伯荣．陈述句、疑问句、祈使句、感叹句[M]．上海：上海教育出版社，1984.

5. 黄伯荣、廖序东．现代汉语[M]．北京：高等教育出版社，1991

6. 黄国文．语篇分析概要[M]．长沙：湖南教育出版社，1988.

7. 胡壮麟．语篇的衔接与连贯[M]．上海：上海外语教育出版社，1994

8. 何自然．语用学概论[M]．长沙：湖南教育出版社，1988

9. 何自然．语用学与英语学习[M]．上海：上海外语教育出版社，1997

10. 何自然、冉永平．语用学概论(修订本)[M]．长沙：湖南教育出版社，2002

11. 何自然、陈新仁．当代语用学[M]．北京：外语教学与研究出版社，2004

12. 何兆熊．语用学概要[M]．上海：上海外语教育出版社，1989

13. 何兆熊．新编语用学概要[M]．上海：上海外语教育出版社，2000

14. 金立鑫．语法的多视角研究．[M]．上海：上海外语教育出版社，2000

15. 李悦娥、范洪雅编著．话语分析[M]．上海：上海外语教育出版社，2002

16. 刘虹．会话结构分析[M]．北京：北京大学出版社，2004

17. 刘运同．会话分析概要[M]．上海：学林出版社，2007

18. 刘德联、刘晓雨．汉语口语常用句式例解[M]．北京：北京大学出版社，2005

19. 廖秋忠．廖秋忠文集[C]．北京：北京语言学院出版社，1992

20. 吕叔湘．中国文法要略[A]．吕叔湘文集(第1卷)[C]．北京：商务印书馆，1990

21. 皮特·科德．应用语言学导论[M]，上海：上海外语教育出版社，1983

22. 戚雨村编著．现代语言学的特点和发展趋势[M]．上海：上海外语教育出版社，1997

23. 冉永平．语用学：现象与分析[M]．北京：北京大学出版社，2006

24. 邵敬敏．现代汉语疑问句研究[M]．上海：华东师范大学出版社，1996

25. 萨姆瓦等．跨文化传通[M]．北京：三联书店，1988

26. 沈开木．现代汉语话语语言学[M]．北京：商务印书馆，1996

27. 孙雁雁．汉语口语问答句衔接语模式研究[M]．北京：世界图书出版公司，2011

28. 王力．中国现代语法[M]．北京：商务印书馆，1985

29. 王得杏．英语会话分析和跨文化交际[M]．北京：北京语言文

化大学出版社，1998

30. 王福祥. 话语语言学概论[M]. 北京：外语教学与研究出版社，1994

31. 王福祥. 对比语言学论文集[M]. 北京：外语教学与研究出版社，1992

32. 王建华. 语用学与语文教学[M]. 杭州：浙江大学出版社，2000

33. 杨惠元. 汉语听力说话教学法[M]. 北京：北京语言大学出版社，1996

34. 赵元任著. 吕叔湘译. 汉语口语语法[M]. 北京：商务印书馆，1979

35. 郑贵友. 汉语篇章语言学[M]. 北京：外文出版社，2002

36. 朱晓亚. 现代汉语句模研究[M]. 北京：北京大学出版社，2001(附录：《现代汉语问答系统研究》)

37. 朱德熙. 语法讲义[M]. 北京：商务印书馆，1982

38. 左思民. 汉语语用学[M]. 郑州：河南人民出版社，2000

39. 中国社会科学院语言研究所词典编辑室编. 现代汉语词典[M]. 北京：商务印书馆，2005

40. Austin, J. L. (1965). *How to Do Things with Words*[M]. Oxford：Oxford University Press.

41. Brown, P. & Levinson, S. C. (1978). *Politeness：Some universals in language usage*[M]. Cambridge：Cambridge University Press.

42. Chao, Yuen Ren (1968). *A Grammar of Spoken Chinese*[M]. Berkeley：University of California Press.

43. Carrasquillo, A. L. (1994). *Test in English as a second language* [M]. New York & London ：Garland Publishing, INC.

44. Cook, G. (1989). *Discourse* [M]. Oxford：Oxford University Press.

45. Coulthard, M. (1977). *An Introduction to Discourse Analysis* [M]. New York: Longman Group Limited.

46. Halliday, M. A. K. (1973). *Exploration in the Functions of Language.* [M]. London: Edward Arnold.

47. Halliday, M. A. K & Hasan, R. (1976). *Cohesion in English* [M]. London: Longman.

48. Jefferson, G. (1972). *Side Sequences* [A]. In David Sudnow(ed.) *Studies in Social Interaction* [C]. New York: Free Press.

49. Leech, G. (1983). *Principles of Pragmatics* [M]. London and New York: Longman.

50. Levinson, S. C. (1983). *Pragmatics* [M]. Cambridge: Cambridge University Press.

51. McCarthy, M. (1991). *Discourse Analysis for Language Teachers* [M]. Cambridge: Cambridge University Press.

52. Searle, J. R. (1969). *Speech Acts* [M]. Cambridge: Cambridge University Press.

53. Searle, J. R. (1979). *Expression and Meaning* [M]. Cambridge: Cambridge University Press.

54. Garrett, P. (2010). *Attitudes to Language* [M]. Cambridge: Cambridge University Press.

55. Martin, J. R. & P. R. R. White. (2008). *The Language of Evaluation:Appraisal in English* [M]. Beijing: Foreign Language Teaching and Research Press.

56. Halliday, M. A. K. (1985). *An Introduction to Functional Grammar* [M]. London: Edward Arnold.

(二) 论文

1. 陈妹金. 求取与给予:疑问句的功能类型研究[J]. 语法研究与

语法应用，邵敬敏主编，北京语言学院出版社，1994.

2. 陈平. 话语分析说略[J]. 语言教学与研究，1987(3).

3. 东平汉. 语中的拒绝[J]. 白城师范高等专科学校学报，1999(2).

4. 丁安琪. 欧美留学生实施"建议"言语行为模式分析[J]. 语言教学与研究，2001(1).

5. 方瑞芬. 汉语语境中恭维语和恭维应答年龄差异研究[J]. 安徽大学学报，2008(6).

6. 冯江鸿. 英汉赞扬及其应答的性别语用比较[J]. 外语研究，2003(2).

7. 郭锐. "吗"问句的确信度和回答方式[J]. 世界汉语教学，2000(2).

8. 郭整风.《试析会话语篇中"毗邻相关应对"现象的多元性》[J]. 外语与外语教学，2004(9).

9. 何安平. 英语会话中的简短反馈语[J]. 现代外语，1998(1).

10. 何兆熊. 话语分析综述[J]. 外国语，1983(4).

11. 何兆熊. 汉英文化中的礼貌研究[J]. 外国语，1995(5).

12. 何自然. 什么是语际语用学[J]. 国外语言学，1996(1).

13. 胡明扬. 北京话的语气助词和叹词[J]. 中国语文，1981(6).

14. 韩宝成. 语言测试的新进展：基于任务的语言测试[J]. 外语教学与研究，2003(5).

15. 金贞子. 从反问句看汉语水平考试听力理解[J]. 延边教育学院学报，2007(6).

16. 鞠玉梅. 汉英篇章中语法衔接手段及其文体效应[J]. 外语与外语教学，1999(11).

17. 匡小荣. 口语交谈中的基本运用单位[J]. 汉语学习，2006(2).

18. 匡小荣. 口语交谈中的自启话语与他启话语[J]. 修辞学习，2006(5).

19. 林裕文. 谈疑问句[J]. 中国语文, 1985(2).

20. 李宝贵. HSK听力理解"对话"题型分析及应试技巧[J]. 汉语学习, 1999(2).

21. 李军. 汉语使役性言语行为的话语构造及其功能(上)[J]. 语文建设, 1998(5).

22. 李军. 汉语使役性言语行为的话语构造及其功能(下)[J]. 语文建设, 1998(6).

23. 李敬科. 中美邀请言语行为对比研究[J]. 江西金融职工大学学报, 2006(6).

24. 李悦娥. 话语中的问与答结构探析[J]. 外国语, 1998(3).

25. 李悦娥. 话语中的重复结构探析[J]. 外语与外语教学, 2000(11).

26. 李悦娥、冯江鸿. 析普通话话语中的赞扬及其应答[J]. 外语与外语教学, 2000(9).

27. 赖毅生. 汉英语中不满言语行为的礼貌策略[J]. 广州大学学报, 2004(9).

28. 陆俭明. 由"非疑问形式+呢"[J]. 中国语文, 1982(6).

29. 罗朝晖. 汉语"道歉"话语模式[J]. 暨南大学华文学院学报, 2004(1).

30. 刘自强. "邀请"言语行为分析[J]. 淮北煤炭师范学院学报, 2007(6).

31. 刘运同. 程序性提问及应答[J]. 同济大学学报, 2001(3).

32. 刘运同. 会话分析学派的研究方法及理论基础[J]. 同济大学学报, 2002(4).

33. 刘龙根. 评"发问同于请求论"[J]. 外国语, 1988(2).

34. 刘虹. 会话结构研究[J]. 现代语言学, 1991(6).

35. 刘月华. 语调是非问句[J]. 语言教学与研究, 1988(2).

36. 刘熠. 论听力测试中的多项选择题型[J]. 河北工业大学成人

教育学院学报，2004(1).

37. 吕明臣. 汉语答句的意义，语法求索[C]. 武汉：华中师范大学出版社，1988.

38. 吕明臣. 汉语"应对句"说略[J]. 汉语学习，1992(6).

39. 吕明臣. 现代汉语应对句的功能[J]. 汉语学习，2000(6).

40. 吕叔湘. 疑问·否定·肯定[J]. 中国语文，1985(4).

41. 吕俞辉. 对外汉语教学的语用观[J]. 上海大学学报，2002(2).

42. 廖秋忠. 现代汉语篇章中的连接成分[J]. 中国语文，1986(6).

43. 马博森、任绍曾. 话语分析及其应用——1982~1991 国外话语分析研究述评[J]. 现代外语，1995(1).

44. 马博森. 话语分析及其方法[J]. 外语与外语教学，1999(3).

45. 马月兰. 中美"拒绝"言语行为比较研究[J]. 青海师范大学学报，1998(4).

46. 马月兰. 从语篇表层谈中美拒绝策略[J]. 齐齐哈尔大学学报，1999(4).

47. 马月兰. 中美拒绝语策略共性比较研究[J]. 西安外国语学院学报，2000(2).

48. 苗兴伟. 话轮转换及其对外语会话教学的启示[J]. 外语教学，1995(3).

49. 苗兴伟. 日常会话语篇中的语言非流利现象[J]. 四川外语学院学报，1996(2).

50. 苗兴伟. 会话话语中意义磋商[J]. 解放军外语学院学报，1996(6).

51. 毛海莹. 提高零起点短期班留学生 HSK 听力成绩对策[J]. 宁波大学学报(教育科学版)，2002(2).

52. 潘小燕. 汉语道歉言语行为的性别差异研究[J]. 西南交通大学学报，2004(1).

53. 祁玲. 谈通过提高听力技能达到 HSK 听力理解测试要求的几种

训练方法[J]. 新疆广播电视大学学报, 2000(2).

54. 钱乐奕. 论汉语道歉言语行为的回应[J]. 合肥工业大学学报, 2005(6).

55. 史芬茹、朱志平. 建立一种面向欧美学习者的汉语口语能力测试[J]. 语言文字应用, 2006(12).

56. 施旭. 戏剧对话的话语分析——试析阿尔比《动物园故事》的开场对白[J]. 现代外语, 1988(4).

57. 宋莉. 静默语之跨文化浅析[J]. 外语学刊, 1998(1).

58. 宋玮. 同意抑或反对——由沉默的语用功能所想到的[J]. 山东外语教学, 2004(1).

59. 孙新爱. 汉语恭维语分析[J]. 沧州师范专科学校学报, 2007(4).

60. 孙智慧. 汉语恭维策略的性别差异分析[J]. 阜阳师范学院学报, 2006(2).

61. Levinson, 沈家煊译. 语用学论题之五：会话结构[J]. 国外语言学, 1987(1).

62. 沈家煊. "判断语词"的语义强度[J]. 中国语文, 1989(1).

63. 沈家煊. 不加说明的话题——从"对答"看"话题—说明"[J]. 中国语文, 1989(5).

64. 邵敬敏. 回声问的形式特点和语用特征分析[J]. 华东师范大学学报, 1992(2).

65. 唐玲. 汉语拒绝言语行为及东南亚华裔留学生习得情况分析[J]. 暨南大学华文学院学报, 2004(2).

66. 唐玲. 汉语间接拒绝言语行为的表层策略分析[J]. 广西社会科学, 2004(10).

67. 吴平. 反馈信号研究综述[J]. 外语与外语教学, 2000(3).

68. 吴平. 汉语会话中的反馈信号[J]. 当代语言学, 2001(2).

69. 吴建设. 拒绝语的表达方法[J]. 四川外语学院学报, 2003(4).

70. 王金娟. 口语话语分析的进展[J]. 外语教学与研究, 1996(2).

71. 王建华. 跨文化语用学研究刍论[J]. 浙江教育学院学报, 2003(6).

72. 王爱华. 英汉拒绝言语行为表达模式调查[J]. 外语教学与研究, 2001(3).

73. 王爱华、吴贵凉. 英汉拒绝言语行为的社会语用研究[J]. 电子科技大学学报(社会科学版), 2004(3).

74. 王爱华、吴贵凉. 对英汉拒绝言语行为直接性层面的调查研究[J]. 西南交通大学学报(社会科学版), 2005(1).

75. 王振华. 评价系统及其运作——系统功能语言学的新发展[J]. 外国语, 2001(6).

76. 王芙蓉、刘振平. 欧美留学生汉语拒绝言语行为习得研究[J]. 现代语文, 2006(4).

77. 王燕. 现代汉语道歉言语行为策略研究[J]. 现代语文, 2006(11).

78. 王志. 回声问[J]. 中国语文, 1990(2).

79. 萧国政. 现代汉语非特指问句简答式的基本类型[J]. 语言学通讯, 1992(3-4).

80. 徐杰、张林林. 疑问程度和疑问句式[J]. 江西师范大学学报(哲学社会科学版), 1988(2).

81. 徐赳赳. 话语分析二十年[J]. 外语教学与研究, 1995(1).

82. 徐赳赳. 话语分析在中国[J]. 外语教学与研究, 1997(4).

83. 徐盛桓. 疑问句探寻功能的迁移[J]. 中国语文, 1999(1).

84. 徐章宏. 语和汉语中恭维原则初探[J]. 湖北师范学院学报, 1998(4).

85. 徐晓燕, 夏伟蓉. 英语"拒绝"言语行为语用策略对比研究[J]. 西南民族学院学报, 2003(2).

86. 许彩云. 言语行为类型及其原型变体初探[J]. 淮阴师范学院

学报(哲社版)，2001(3).

87. 辛斌、苗兴伟. 话语分析的两种方法论略[J]. 四川外语学院学报，1998(3).

88. 辛斌、陈腾澜. 非对话性作品的对话性[J]. 外国语，1999(5).

89. 于根元. 反问句的性质和作用[J]. 中国语文，1984(6).

90. 于根元. "是不是"之类的某些用法[J]. 语文月刊，1984(3).

91. 尹世超. 说否定性答句[J]. 中国语文，2004(1).

92. 尹世超. 否定性答句否定的隐显与程度[J]. 汉语学习，2004(3).

93. 易洪川. 关于问答对[J]. 湖北大学学报，1992(5).

94. 袁秀凤. 高参与度会话式中相邻对的特征[J]. 绍兴文理学院学报，2004(5).

95. 袁毓林. 正反问句及相关的类型学参项[J]. 中国语文，1993(2).

96. 殷树林. 现代汉语反问句应答系统考察[J]. 语言教学与研究，2008(3).

97. 朱晓亚. 否定句研究概观[J]. 汉语学习，1992(5).

98. 朱晓亚. 答句的语义类型[J]. 语言教学与研究，1995(3).

99. 朱晓亚. 现代汉语问答的结构模式系统研究[J]. 汉语学习，1996(2).

100. 朱晓亚. 试论两种类型的答句[J]. 徐州师范学院学报，1996(2).

101. 朱晓亚. 否定型语调是非问的答句[J]. 语言科学，2007(1).

102. 周利芳. 汉语口语中表肯定、否定的话段衔接成分[J]. 语言教学与研究，2005(5).

103. 周利芳. 汉语口语中表因果关系的话段衔接成分及其教学[J]. 暨南大学华文学院学报，2008(2).

104. 郑远汉. 问对结构[J]. 语言文字应用, 2003(3).

105. 赵英玲. 英汉应答接应机制刍议[J]. 东北师大学报, 1999(3).

106. 张绍杰、王晓彤. "请求"言语行为的对比研究[J]. 现代外语, 1997(3).

107. 张伯江. 疑问句功能索议[J]. 中国语文, 1997(2).

108. 张陵馨. 会话附加语的语用分析[J]. 外语教学与研究, 1996(1).

109. 张亚非. 多语间话语结构的对比分析[J]. 外国语, 1989(6).

110. 张德禄、张爱杰. 情景语境与语篇的衔接与连贯[J]. 中国海洋大学学报(社会科学版), 2006(1).

111. GU, Yueguo(1990). *Politeness Phenomenon in Modern Chinese* [J]. Journal of pragmatics, (14).

112. Richards, J. C. & Schmidt, R. W. (1983). *Conversation alanalysis*, In Richards, J. C. & Schmidt, R. W. (eds.) Language and communication 117-154; Longman.

113. Sacks, H., E. A. Schegloff & G. Jefferson. (1974). *A Simplest Systematics for the Organization of Turn-taking for Conversation*[J]. Language. 1.

114. Schegloff, E. A. & H. Sacks. (1973). *Opening up Closings*[J]. Semiotics, (8/4).

(三)学位论文

1. 邓锡琴. 现代汉语中肯定应答的表达方式[D]. 武汉：华中科技大学, 2011.

2. 高飞. 留学生汉语应答词语习得情况调查研究[D]. 哈尔滨：哈尔滨师范大学, 2015.

3. 刘运同. 回应提问的方式和规律[D]. 上海：上海外国语大学, 2000.

4. 刘蕊. 美国学生汉语习得中社交语用失误的考察与分析[D]. 北京：北京语言大学，2007.

5. 李永华. 汉语会话之应答语研究[D]. 广州：暨南大学，2008.

6. 吴剑锋. 言语行为与现代汉语句类研究[D]. 上海：华东师范大学，2006.

7. 吴青. 现代汉语肯定性言语反馈成分研究[D]. 上海：华东师范大学，2008.

8. 殷树林. 现代汉语反问句研究 [D]. 福州：福建师范大学，2006.

9. 于聂. 汉语会话过程中的肯定性应对研究[D]. 北京：北京语言大学，2007.

10. 赵聪. 应答词"是、对、行、好"的话语功能分析[D]. 延边：延边大学，2006.

11. 占丽云. 听话者话语角色的功能研究[D]. 上海：华东师范大学，2007.

12. 张汉娇. 留学生招呼言语行为研究及教学探讨[D]. 广州：暨南大学，2006.

13. 张小峰. 现代汉语语气词"吧"、"呢"、"啊"的话语功能研究[D]. 上海：上海师范大学，2003.

14. 张艳. 现代汉语同意、不同意表达方式研究[D]. 合肥：安徽大学，2011.

15. 仲洁. 应酬语的辨识及其对教学的启示[D]. 南京：南京师范大学，2002.

16. Harrison, Carrol Franklin (1959). *A Study of the Relationship between Speaking and Listening Comprehension in the Single Individual* [D]. Montana State University.

17. Felix-Brasdefer, Julio Cesar. (2002). *Refusals in Spanish and English：A cross-cultural study of politeness strategies among speakers of Mexi-*

can Spanish, *American English*, *and American learners of Spanish as a foreign language* [D]. University of Minnesota.

(四)汉语相关考试试题部分语料

1. 汉语水平考试 HSK 初中等真题及分析，北京语言大学出版社，2006.

2. HSK 精解活页题选，缪小放、张和平著，北京语言大学出版社，2002.

3. 民族汉考(三级)仿真模拟试题及详解，鲁江主编，北京语言大学出版社，2002.

4. HSK 中国汉语水平考试模拟试题集(初中等)，陈田顺主编，北京语言大学出版社，2001.

5. 中国汉语水平考试 HSK【改进版】样卷(初、中、高级)，北京语言大学出版社，2007.

6. 最后冲刺：HSK 仿真试卷，北京语言大学出版社，2003.

7.《可凡倾听》，可凡倾听栏目组，上海社会科学出版社，2005.

8.《大家》，薛继军主编，商务印书馆出版社，2005.

后　记

从我 2002 年开始给外国留学生上课，至今已经 15 个年头了，在教学中我遇到和发现的问题很多，但其中关于汉语应答语的研究，是我关注得较长、思考得较久的问题。这个题目源于导师陆俭明先生给我的启发，也是从这个问题开始，我开始对说话者之间的互动和对话以及包含话语结构形式、话语规则和话语模式等侧面的话语分析研究产生了兴趣。

选题之初，我本打算把汉语对话中同意和反对的态度一起研究，但从实际文本中逐条找出表达态度的对话后，我发现这个现象远远比想象更复杂，也由于当时的时间关系，我选择了只研究汉语对话中的同意态度，虽然相关的可参考的研究很有限，但感恩的是，从语料的搜集、筛选、到统计分析数据，一路都有导师带着前行，从最初对问答现象的分析调整到引入"相邻对"的概念，分别对引发语和应答语进行归纳，一步一步跌跌撞撞，摸索走来，终于完成了自己在专业方面的第一本书，成书的不易让我深刻体会到独立思考、不人云亦云的精神在治学路上的重要性，很欣慰自己秉持了导师的教诲："相信自己作为母语者的语感，踏踏实实搜集第一手资料"，这也将成为以后我科研道路上的指明灯。

初稿成型后，我将书稿中的某些结论应用到对外汉语的口语教学中，效果明显，在实践中验证了其可行性。随着实际教学的深入，尤其是回国后在人大教留学生时，我发现由于缺乏语感，中高级留学生们对如何在应答中表达自己的态度大多很茫然，这一问题已然成为他们学习中的一个明显的瓶颈。诚然语言中的态度和感情是学生的基本言语交际需要，但现存的研究中鲜见探讨对汉语态度表达以及对应的情绪的，本书可遵循的话语模式也不多，汉语学习者们无法对其了然于胸，更谈不上正确选择和使用了。本书的研究将"同意"相邻对的引发语规约性形式归纳出来，目的即是为帮助汉语为第二语言的学习者提高对这些词汇和结构的敏感度，从说话人的态度、上下文来让学生明白说话人的真正意图，较快地识别出需要表态的引发语，根据引发语和应答语之间的制约关系迅速地推断出应答语的情况，帮助他们更好地了解和掌握汉语同意态度的表达，同时也可协助对外汉语教师在态度表达上可以有更明确的、更直观的教学依据。

本书能如期完成，首先要感谢我的导师陆俭明先生及师母马真先生，陆老师称得上是万里挑一的好导师，我对他们的感激和敬佩难以用简短的几句话表达，能做他们的学生是我前世修来的福气。我和陆老师的联系开始于武大读硕期间，那时的我对于陆老师而言，只是外校一个不起眼的研究生，但是陆老师仍亲自给我打电话，详细解答我的疑问，邮件则是每封必详细回复，我常感叹即使若干年后我自己身处老师的位置，也不一定能做到像陆先生这样；后来我在扬州大学工作，遇到教学、科研方面的问题，陆老师也通过电话给我指导，在生活上不时教我为人处世的道理；做了陆老师的学生后，我亲身体会到他在学业上对学生要求的严格，他非常注重培养学生独立研究、自主处理问题的能力，写论文期间我有时害怕困难，受到了导师严厉的批评；在生活中他则像一位慈父，和师母一起关心着我们生活中的细节，分享我们生活中的点点滴滴。陆老师非常体谅学生，总能站在对方的角度着想。老师的言传身教将使我终身受益，他们相濡以沫、互敬互让的相处之道也影响着我对生活的看法。

在北大求学的日子让我在专业上开阔了学术眼界，受益匪浅。感谢在北大时各位老师给我在学业上的指导和帮助；感谢陆马师门各位同门和老师的帮助和关爱；感谢在求学的不同阶段给予我帮助和鼓励的诸位师长和学友，感谢为本书的出版付出辛劳的白绍华老师，最后，衷心感谢随时给予我精神支持的亲爱的家人，还要感谢我的儿子 Onion 在我写作彷徨苦闷时带给我的快乐和幸福！这些感谢，将作为我以后研究和教学的强大动力。

　　本书还仅是该领域研究的一项初步成果，尚带着未成熟的青涩，不足与疏忽之处在所难免，还望广大读者不吝赐教。

张治

2017 年 7 月于北京